CONTES ET NOUVELLES

DE

LA FONTAINE

AVEC

PRÉFACE, NOTES ET GLOSSAIRE

PAR

M. PIERRE JANNET

TOME I

PARIS
CHEZ E. PICARD, LIBRAIRE
Quai des Grands-Augustins, 47

M DCCC LXVII

CONTES

DE

LA FONTAINE

PARIS.—IMPRIMÉ CHEZ JULES BONAVENTURE,
quai des Grands-Augustins, 55.

CONTES ET NOUVELLES

DE

LA FONTAINE

AVEC

PRÉFACE, NOTES ET GLOSSAIRE

PAR

M. PIERRE JANNET

—

TOME I

PARIS

CHEZ E. PICARD, LIBRAIRE
Quai des Grands-Augustins, 47

—

M DCCC LXVII
1867

PREFACE

Jean de La Fontaine naquit le 8 juillet 1621, à Château-Thierry, où son père était maître particulier des Eaux et Forêts. Après avoir fait dans sa ville natale d'assez faibles études, il entra à l'âge de vingt ans chez les Oratoriens de Reims. Il en sortit au bout de dix-huit mois, et, séjournant tantôt à Paris, tantôt à Reims ou à Château-Thierry, il partagea son temps entre les plaisirs et la culture des lettres. A vingt-six ans, son père lui donna sa charge dans les Eaux et Forêts, et lui fit épouser une jeune fille d'une des meilleures familles de la province. Une charge et une femme, c'étaient deux choses qui ne convenaient guère à La Fontaine, dont l'inconstance, la paresse et la distraction étaient extrêmes. Il vendit bientôt sa charge, et bientôt il oublia qu'il était marié. Sans rompre absolument avec sa femme, il la laissa vivre en province et vint s'établir à Paris.

A part la facilité déplorable avec laquelle il se laissait aller à des amours indignes de lui, La Fontaine était aussi heureusement doué du côté du cœur que du côté de l'esprit. Lorsque son premier protecteur, le surintendant Fouquet, tomba de si haut, le poëte lui resta fidèle dans sa disgrâce, et, tandis que tout le monde se taisait prudemment, eut le courage d'intercéder pour lui. Il eut d'autres protecteurs : Marie-Anne Mancini, duchesse de Bouillon; Marguerite de Lorraine, duchesse douairière d'Orléans; le prince et la princesse de Conti, le duc de Vendôme, le grand Condé, et, sur la fin de ses jours, le jeune duc de Bourgogne, l'élève de Fénelon. A côté du nom de ces personnages qui s'honorèrent en le protégeant, il faut, pour se faire une juste idée de la sympathie qu'il inspirait, placer celui de ses meilleurs amis, Molière, Boileau, Racine, madame de La Sablière[1], et citer ces quelques lignes de Maucroix :

« Le 13 mars 1694, mourut à Paris mon très-cher
« et très-fidèle amy, M. de La Fontaine. Nous avons
« esté amis plus de cinquante ans, et je remercie Dieu
« d'avoir conduit l'amitié extresme que je lui portois
« jusques à une aussi grande vieillesse, sans aucune
« interruption ny aucun refroidissement ; pouvant dire
« que je l'ay toujours tendrement aimé, et autant le
« dernier jour que le premier. Dieu, par sa miséri-
« corde, le veuille mettre dans son saint repos ! C'estoit
« l'âme la plus sincère et la plus candide que j'aye ja-
« mais connue ; jamais de déguisement : JE NE SÇAY S'IL
« A MENTY DE SA VIE. C'estoit, au reste, un très-bel es-
« prit, capable de tout ce qu'il vouloit entreprendre. Ses
« *Fables*, au sentiment des plus habiles, ne mourront
« jamais, et luy feront honneur dans toute la posté-
« rité[2]. »

Les débuts de La Fontaine furent assez tardifs. Sa première publication date de 1654. C'est une imitation de *l'Eunuque* de Térence. Il avait bien composé quelques petites pièces avant cette époque; mais il est certain qu'il cultiva longtemps la littérature en amateur avant de songer à devenir auteur. Il avait un goût très-

---

1. Madame de La Sablière avait recueilli La Fontaine chez elle. Lorsqu'elle fut morte, M. et madame Ervart eurent la bonne pensée de lui offrir leur maison. M. Ervart sortit pour lui faire cette offre. Il le rencontra dans la rue : « Venez chez moi, » lui dit-il. « J'y allais, » répondit La Fontaine. C'est chez M. Ervart qu'il mourut.

2. Publié par M. Paulin Pâris, dans son Commentaire sur les *Historiettes de Tallemant des Réaux*, 1854, in-8, t. II, p. 382.

vif pour les anciens. Il connaissait bien la littérature italienne, et surtout les poëtes et les conteurs français du XVIe siècle. Il fut un moment enthousiaste de Malherbe; puis il se laissa prendre au clinquant de Voiture, qui « pensa le gâter. » Heureusement le naturel revint au galop, et La Fontaine fut l'*inimitable La Fontaine*.

Ce que Maucroix disait des *Fables* de La Fontaine, on peut le dire de ses *Contes*.

Contes et *Fables* ont naturellement leur place marquée dans ma *Nouvelle Collection*.

M. Marty-Laveaux a donné, dans la *Bibliothèque elzévirienne*, une excellente édition des *Contes* (tome II des *Œuvres complètes de La Fontaine*). Adoptant le texte des dernières éditions publiées sous les yeux de l'auteur, il a relevé très-exactement les variantes des éditions antérieures. Pour le texte, j'ai suivi M. Marty-Laveaux[1]. Quant aux variantes, je n'avais pas à refaire un travail qu'il a si bien fait. J'ai respecté, comme lui, l'orthographe de l'auteur; mais je n'ai tenu aucun compte de l'ancienne ponctuation.

Bien que l'invention ne lui fît pas défaut, — et il l'a prouvé suffisamment, — La Fontaine empruntait volontiers le sujet de ses compositions. Pour les *Contes*, il a mis à contribution Boccace, *les Cent Nouvelles nouvelles*, Rabelais, etc. Il indique habituellement lui-même les sources où il a puisé. Sans prétendre épuiser la matière, j'ai beaucoup ajouté, dans les *Notes*, aux renseignements qu'il donne à cet égard.

---

[1]. A une exception près : t. I, p. 137, vers 18, j'ai imprimé, comme dans l'édition originale :

Tout homme est homme, et les Moines sur tous,

au lieu de :

Tout Homme est homme, les Hermites sur tous.

J'aurais pu grossir mes volumes de quelques contes qui ont été attribués à La Fontaine. Je n'ai pas cru devoir le faire. Ces contes n'ajouteraient rien à sa gloire, loin de là. La plupart ont d'ailleurs été rendus à leurs véritables auteurs, Vergier, Autreau, etc. Quant aux autres, ou, comme je le crois, ils n'appartiennent pas à notre poëte, ou il les a jugés indignes de lui, puisqu'il ne les a pas publiés. L'éditeur des ses *Œuvres posthumes*, qui a publié *les Quiproquos* (!), aurait eu les mêmes scrupules que lui. Le mieux est de l'imiter.

La Fontaine avait un vocabulaire très-riche. Il faisait volontiers de l'archaïsme, dans les Contes surtout, où il employait le style *marotique*. Il aimait à se servir des locutions proverbiales, des expressions familières, des mots nouveaux, des termes de jeu, de manége, de vénerie, etc.; il faisait parfois des emprunts au patois champenois ou à la langue italienne. J'ai cru devoir, dans le *Glossaire* que j'ai mis à la fin du second volume, m'étendre un peu plus que je ne le fais habituellement. J'ai relevé non-seulement les mots qui ne sont pas expliqués dans le *Dictionnaire de l'Académie*, mais encore beaucoup d'expressions qu'on y trouve, mais qui ont vieilli, qu'on emploie rarement, qui appartiennent à divers arts, ou qu'on croit généralement beaucoup plus nouvelles qu'elles ne le sont. Pour ces expressions, je me suis souvent contenté d'indiquer la page où elles se trouvent, sans donner aucune explication.

P. J.

ADVERTISSEMENT

*L*ES Nouvelles en Vers dont ce Livre fait part au public, et dont l'une est tirée de l'Arioste, l'autre de Bocace, quoy que d'un style bien different, sont toutefois d'une mesme main. L'Autheur a voulu éprouver lequel caractere est le plus propre pour rimer des Contes. Il a creu que les Vers irreguliers ayant un air qui tient beaucoup de la Prose, cette maniere pourroit sembler la plus naturelle, et par consequent la meilleure. D'autre part aussi le vieux langage, pour les choses de cette nature, a des graces que celuy de nostre siecle n'a pas. Les Cent Nouvelles Nouvelles, les vieilles Traductions de Bocace et des Amadis, Rabelais, nos anciens Poëtes, nous en fournissent des preuves infaillibles. L'Autheur a donc tenté ces deux voyes sans estre encore certain laquelle est la bonne. C'est au Lecteur à le determiner là-dessus; car il ne pretend pas en demeurer là, et il a desjà jetté les yeux sur d'autres Nouvelles pour les rimer. Mais auparavant il faut qu'il soit asseuré du succés de celles-cy, et du *goust de la pluspart des personnes qui les liront. En cela, comme en d'autres choses, Terence luy doit servir de modele. Ce Poëte n'escrivoit pas pour se satisfaire seulement, ou pour satisfaire un petit nombre de gens choisis; il avait pour but,*

Populo ut placerent quas fecisset Fabulas [1].

---

1. *Andria,* prologus, v. 3.

PREFACE

DE LA

PREMIERE PARTIE

J'AVOIS resolu de ne consentir à l'impression de ces Contes qu'après que j'y pourrois joindre ceux de Bocace qui sont le plus à mon goût; mais quelques personnes m'ont conseillé de donner dès-à-present ce qui me reste de ces bagatelles, afin de ne pas laisser refroidir la curiosité de les voir, qui est encore en son premier feu. Je me suis rendu à cét avis sans beaucoup de peine, et j'ai crû pouvoir profiter de l'occasion. Non-seulement cela m'est permis, mais ce seroit vanité à moy de mépriser un tel avantage. Il me suffit de ne pas vouloir qu'on impose en ma faveur à qui que ce soit, et de suivre un chemin contraire à celuy de certaines gens, qui ne s'acquièrent des amis que pour s'acquerir des suffrages par leur moyen; Creatures de la Cabale, bien differens de cét Espagnol qui se piquoit d'estre fils de ses propres œuvres. Quoy que j'aye autant de besoin de ces artifices que pas un autre, je ne sçaurais me resoudre à les employer : seulement je m'accommoderay, s'il m'est possible, au goust de mon siecle, instruit que je suis par ma propre experience qu'il n'y a rien de plus necessaire. En effet, on ne peut pas dire que toutes saisons soient favorables pour toutes sortes de Livres. Nous avons veu les Rondeaux, les Metamorphoses, les Bouts-rimez, regner tour à tour : Maintenant ces Galanteries sont hors de mode, et personne ne s'en soucie : tant il est certain que ce qui plaist en un temps peut ne pas plaire en un autre. Il n'appartient qu'aux Ouvrages vrayment solides et d'une souveraine beauté d'estre bien receus de tous les Esprits et dans tous les Siecles, sans avoir d'autre passe-port que le seul merite dont ils sont pleins. Comme les miens sont fort éloignez d'un si haut degré de perfection, la prudence veut que je les garde en mon Cabinet, à moins que de bien prendre mon temps pour les en tirer. C'est ce que j'ay fait, ou que j'ay creu faire dans cette seconde Edition, où je n'ay ajousté de nouveaux Contes que parce qu'il m'a semblé qu'on estoit en train d'y prendre plaisir. Il y en a que j'ay estendus, et d'autres que j'ay accourcis, seulement pour diversifier et me rendre moins ennuyeux. On en trouvera mesme quelques-uns que j'ay pretendu mettre en Epigrammes. Tout cela n'a fait qu'un petit Recueil aussi peu considerable par sa grosseur que par la qualité des Ouvrages qui le composent. Pour le grossir, j'ay tiré de mes papiers je ne sçais quelle Imitation des Arrests d'amours, avec un Fragment où l'on me raconte le tour que Vulcan fit à Mars et à Venus, et celuy que Mars et Venus luy avoient fait. Il est vray que ces deux pieces n'ont ny le sujet ny le caractere du tout semblables au reste du Livre ; mais, à mon sens, elles n'en sont pas entierement éloignées. Quoy que c'en soit, elles passeront : Je ne sçais mesme si la varieté n'estoit point plus à rechercher en cette rencontre qu'un assortiment si exact. Mais je m'amuse à des choses ausquelles on ne prendra peut-estre pas garde, tandis que j'ay lieu d'apprehender des objections bien plus importantes. On m'en peut faire

PREFACE.

deux principales : l'une que ce Livre est licentieux ; l'autre qu'il n'épargne pas assez le beau sexe. Quant à la premiere, je dis hardiment que la nature du Conte le vouloit ainsi ; estant une loy indispensable selon Horace, ou plustôt selon la raison et le sens commun, de se conformer aux choses dont on écrit. Or qu'il ne m'ait esté permis d'écrire de celles-cy, comme tant d'autres l'ont fait, et avec succez, je ne croy pas qu'on le mette en doute : et l'on ne me sçauroit condamner que l'on ne condamne aussi l'Arioste devant moy, et les Anciens devant l'Arioste. On me dira que j'eusse mieux fait de supprimer quelques circonstances, ou tout au moins de les déguiser. Il n'y avoit rien de plus facile ; mais cela auroit affoibly le Conte, et lui auroit osté de sa grace. Tant de circonspection n'est necessaire que dans les Ouvrages qui promettent beaucoup de retenuë dès l'abord, ou par leur sujet, ou par la maniere dont on les traite. Je confesse qu'il faut garder en cela des bornes, et que les plus étroites sont les meilleures : Aussi faut-il m'avouër que trop de scrupule gasteroit tout. Qui voudroit reduire Bocace à la même pudeur que Virgile, ne feroit asseurément rien qui vaille, et pecheroit contre les Loix de la bienseance en prenant à tâche de les observer. Car, afin que l'on ne s'y trompe pas, en matiere de Vers et de Prose, l'extrême pudeur et la bienseance sont deux choses bien differentes. Ciceron fait consister la derniere à dire ce qu'il est à propos qu'on die, eu égard au lieu, au temps, et aux personnes qu'on entretient. Ce principe une fois posé, ce n'est pas une faute de jugement que d'entretenir les gens d'aujourd'huy de Contes un peu libres. Je ne peche pas non plus en cela contre la Morale. S'il y a quelque chose dans nos écrits qui puisse faire impression sur les ames, ce n'est nullement la gayeté de ces Contes ; elle passe legerement : je craindrois plustost une douce melancholie, où les Romans les plus chastes et les plus modestes sont très-capables de nous plonger, et qui est une grande preparation pour l'amour. Quant à la seconde objection, par laquelle on me reproche que ce livre fait tort aux femmes, on auroit raison si je parlois serieusement ; mais qui ne voit que cecy est jeu, et par consequent ne peut porter coup ? Il ne faut pas avoir peur que les mariages en soient à l'avenir moins frequens, et les maris plus fort sur leurs gardes. On me peut encore objecter que ces Contes ne sont pas fondez, ou qu'ils ont partout un fondement aisé à détruire ; enfin qu'il y a des absurditez, et pas la moindre teinture de vray-semblance. Je réponds en peu de mots que j'ay mes garants : et puis ce n'est ny le vray, ny le vray-semblable qui font la beauté et la grace de ces choses-cy ; c'est seulement la maniere de les conter. Voila les principaux points sur quoy j'ay creu estre obligé de me deffendre. J'abandonne le reste aux Censeurs ; aussi bien seroit-ce une entreprise infinie, que de pretendre répondre à tout. Jamais la Critique ne demeure court, ny ne manque de sujets de s'exercer : Quand ceux que je puis prevoir luy seroient ostés, elle en auroit bien-tost trouvé d'autres.

PREMIERE PARTIE

I.—JOCONDE

Nouvelle tirée de l'Arioste.

Jadis regnoit en Lombardie
   Un Prince aussi beau que le jour,
Et tel, que des beautez qui regnoient à sa Cour
   La moitié luy portoit envie,
   L'autre moitié brûloit pour luy d'amour.
Un jour en se mirant : « Je fais, dit-il, gageure
   Qu'il n'est mortel dans la nature,
   Qui me soit égal en appas ;
Et gage, si l'on veut, la meilleure Province
   De mes Estats ;
Et s'il s'en rencontre un, je promets, foy de Prince,
De le traiter si bien qu'il ne s'en plaindra pas. »
A ce propos s'avance un certain Gentil-homme
   D'auprès de Rome.
  « Sire, dit-il, si vostre Majesté
   Est curieuse de beauté,
   Qu'elle fasse venir mon frere ;
   Aux plus charmans il n'en doit guere :
Je m'y connois un peu, soit dit sans vanité.
Toutefois, en cela pouvant m'estre flaté,

Que je n'en sois pas crû, mais les cœurs de vos Dames :
    Du soin de guerir leurs flâmes
Il vous soulagera, si vous le trouvez bon :
Car de pourvoir vous seul au tourment de chacune,
Outre que tant d'amour vous seroit importune,
Vous n'auriez jamais fait ; il vous faut un second. »
        Là-dessus Astolphe répond
(C'est ainsi qu'on nommoit ce Roy de Lombardie) :
« Vostre discours me donne une terrible envie
De connoistre ce frere : amenez-le-nous donc.
Voyons si nos beautez en seront amoureuses,
    Si ses appas le mettront en credit :
      Nous en croirons les connoisseuses,
      Comme très-bien vous avez dit. »
Le Gentil-homme part, et va querir Joconde,
    C'est le nom que ce frere avoit.
       A la campagne il vivoit,
        Loin du commerce et du monde ;
Marié depuis peu : content, je n'en sçais rien.
    Sa femme avoit de la jeunesse,
    De la beauté, de la délicatesse ;
Il ne tenoit qu'à luy qu'il ne s'en trouvast bien.
    Son frere arrive et luy fait l'ambassade ;
        Enfin il le persuade.
Joconde d'une part regardoit l'amitié
    D'un Roy puissant, et d'ailleurs fort aymable ;
Et d'autre part aussi sa charmante moitié
      Triomphoit d'estre inconsolable,
      Et de luy faire des adieux
      A tirer les larmes des yeux.
    « Quoy ! tu me quittes, disoit-elle,
      As-tu bien l'ame assez cruelle,
Pour preferer à ma constante amour
        Les faveurs de la Cour ?
Tu sçais qu'à peine elles durent un jour ;

Qu'on les conserve avec inquietude,
Pour les perdre avec desespoir.
Si tu te lasses de me voir,
Songe au moins qu'en ta solitude
Le repos regne jour et nuit :
Que les ruisseaux n'y font du bruit
Qu'afin de t'inviter à fermer la paupiere.
Croy moy, ne quitte point les hostes de tes bois,
Ces fertiles valons, ces ombrages si cois,
Enfin moy, qui devrois me nommer la premiere :
Mais ce n'est plus le temps, tu ris de mon amour :
Va, cruel, va monstrer ta beauté singuliere,
Je mourray, je l'espere, avant la fin du jour. »
L'Histoire ne dit point ny de quelle maniere
Joconde pût partir, ny ce qu'il répondit,
Ny ce qu'il fit, ny ce qu'il dit ;
Je m'en tais donc aussi de crainte de pis faire.
Disons que la douleur l'empescha de parler ;
C'est un fort bon moyen de se tirer d'affaire.
Sa femme, le voyant tout prest de s'en aller,
L'accable de baisers, et pour comble luy donne
Un brasselet de façon fort mignonne,
En luy disant : « Ne le pers pas,
Et qu'il soit toûjours à ton bras,
Pour te ressouvenir de mon amour extrême ;
Il est de mes cheveux, je l'ay tissu moy-même ;
Et voila de plus mon portrait
Que j'attache à ce brasselet. »
Vous autres bonnes gens eussiez crû que la dame
Une heure après eust rendu l'âme ;
Moy qui sçais ce que c'est que l'esprit d'une femme,
Je m'en serois à bon droit défié.
Joconde partit donc ; mais ayant oublié
Le brasselet et la peinture,
Par je ne sçay quelle avanture,

Le matin mesme il s'en souvient,
Au grand galop sur ses pas il revient,
Ne sçachant quelle excuse il feroit à sa femme :
Sans rencontrer personne, et sans estre entendu,
Il monte dans sa chambre, et voit prés de la dame
Un lourdaut de valet sur son sein étendu.
Tous deux dormoient : dans cet abord Joconde
Voulut les envoyer dormir en l'autre monde :
    Mais cependant il n'en fit rien,
    Et mon avis est qu'il fit bien.
    Le moins de bruit que l'on peut faire
        En telle affaire
    Est le plus seur de la moitié.
    Soit par prudence ou par pitié,
    Le Romain ne tua personne.
D'éveiller ces amans, il ne le faloit pas ;
    Car son honneur l'obligeoit, en ce cas,
        De leur donner le trespas.
    « Vy, meschante, dit-il tout bas ;
    A ton remords je t'abandonne. »
Joconde là dessus se remet en chemin,
Resvant à son mal-heur tout le long du voyage.
Bien souvent il s'écrie au fort de son chagrin :
    « Encor si c'estoit un blondin !
Je me consolerois d'un si sensible outrage ;
    Mais un gros lourdaut de valet !
    C'est à quoy j'ay plus de regret;
    Plus j'y pense, et plus j'en enrage.
Ou l'amour est aveugle, ou bien il n'est pas sage
    D'avoir assemblé ces amans.
    Ce sont, helas ! ses divertissemens !
    Et possible est-ce par gageure
    Qu'il a causé cette avanture. »
Le souvenir fâcheux d'un si perfide tour
    Alteroit fort la beauté de Joconde ;

Ce n'estoit plus ce miracle d'amour
   Qui devoit charmer tout le monde.
Les dames le voyant arriver à la Cour,
   Dirent d'abord : « Est-ce là ce Narcisse
   Qui pretendoit tous nos cœurs enchaîner ?
    Quoi ! le pauvre homme a la jaunisse !
   Ce n'est pas pour nous la donner.
   A quel propos nous amener
   Un galant qui vient de jeusner
      La quarantaine ?
On se fust bien passé de prendre tant de peine. »
Astolphe estoit ravy : le frere estoit confus,
   Et ne sçavoit que penser là dessus,
Car Joconde cachoit avec un soin extrême
     La cause de son ennuy :
   On remarquoit pourtant en luy,
Malgré ses yeux cavez et son visage blême,
   De fort beaux traits, mais qui ne plaisoient point,
     Faute d'eclat et d'embonpoint.
Amour en eut pitié ; d'ailleurs cette tristesse
Faisoit perdre à ce Dieu trop d'encens et de vœux ;
L'un des plus grands suppôts de l'empire amoureux
Consumoit en regrets la fleur de sa jeunesse.
Le Romain se vid donc à la fin soulagé
Par le mesme pouvoir qui l'avoit affligé.
Car un jour estant seul en une galerie,
   Lieu solitaire et tenu fort secret,
   Il entendit en certain cabinet,
Dont la cloison n'estoit que de menuiserie,
    Le propre discours que voicy :
   « Mon cher Curtade, mon soucy,
J'ay beau t'aymer, tu n'es pour moi que glace :
   Je ne vois pourtant, Dieu mercy,
   Pas une beauté qui m'efface :
Cent conquérans voudroient avoir ta place,

Et tu sembles la mépriser,
Aymant beaucoup mieux t'amuser
A jouer avec quelque Page
          Au Lansquenet,
Que me venir trouver seule en ce cabinet.
Dorimene tantost t'en a fait le message ;
     Tu t'es mis contre elle à jurer,
     A la maudire, à murmurer,
Et n'as quitté le jeu que ta main estant faite,
Sans te mettre en soucy de ce que je souhaite. »
Qui fut bien étonné ? ce fut nostre Romain.
     Je donnerois jusqu'à demain
     Pour deviner qui tenoit ce langage,
          Et quel estoit le personnage
          Qui gardoit tant son quant à moy.
     Ce bel Adon estoit le nain du Roy,
          Et son amante estoit la Reine.
          Le Romain, sans beaucoup de peine,
          Les vid, en approchant les yeux
Des fentes que le bois laissoit en divers lieux.
Ces amans se fioient au soin de Dorimene ;
Seule elle avoit toûjours la clef de ce lieu-là,
Mais la laissant tomber, Joconde la trouva,
          Puis s'en servit, puis en tira
          Consolation non petite,
          Car voicy comme il raisonna :
« Je ne suis pas le seul, et puis que mesme on quitte
Un Prince si charmant pour un nain contrefait,
          Il ne faut pas que je m'irrite
          D'estre quitté pour un valet. »
Ce penser le console : il reprend tous ses charmes ;
          Il devient plus beau que jamais :
          Telle pour luy verse des larmes,
          Qui se moquoit de ses attraits.
C'est à qui l'aymera : la plus prude s'en pique ;

Astolphe y perd mainte pratique.
Cela n'en fut que mieux ; il en avoit assez.
Retournons aux amans que nous avons laissez.
Aprés avoir tout vû, le Romain se retire,
　　Bien empesché de ce secret :
Il ne faut à la Cour ny trop voir, ni trop dire,
Et peu se sont vantez du don qu'on leur a fait
　　Pour une semblable nouvelle :
Mais quoy! Joconde aymoit avecque trop de zele
Un Prince liberal qui le favorisoit,
Pour ne pas l'avertir du tort qu'on luy faisoit.
Or comme avec les Rois il faut plus de mystere
Qu'avecque d'autres gens sans doute il n'en faudroit,
Et que de but en blanc leur parler d'une affaire
　　Dont le discours leur doit déplaire,
　　Ce seroit estre mal adroit ;
Pour adoucir la chose, il fallut que Joconde
　　Depuis l'origine du monde
Fît un denombrement des Rois et des Cesars
Qui, sujets comme nous à ces communs hazards,
　Malgré les soins dont leur grandeur se pique,
　　　Avoient vu leurs femmes tomber
　　　En telle ou semblable pratique,
　　　Et l'avoient vû sans succomber
　A la douleur, sans se mettre en colere,
　　　Et sans en faire pire chere.
« Moy qui vous parle, Sire, ajoûta le Romain,
Le jour que pour vous voir je me mis en chemin,
　　　Je fus forcé par mon destin
　　　De reconnoistre Cocuage
　　　Pour un des Dieux du mariage,
　Et, comme tel, de luy sacrifier. »
Là dessus il conta, sans en rien oublier,
　　　Toute sa déconvenue,
　　　Puis vint à celle du Roy.

« Je vous tiens, dit Astolphe, homme digne de foy ;
    Mais la chose, pour estre creue,
      Mérite bien d'estre veue.
      Menez-moy donc sur les lieux. »
   Cela fut fait, et de ses propres yeux
     Astolphe vid des merveilles,
Comme il en entendit de ses propres oreilles.
L'énormité du fait le rendit si confus,
Que d'abord tous ses sens demeurerent perclus :
Il fut comme accablé de ce cruel outrage :
Mais bien-tost il le prit en homme de courage,
   En galant homme, et pour le faire court,
    En veritable homme de Cour.
« Nos femmes, ce dit-il, nous en ont donné d'une
    Nous voicy lâchement trahis :
   Vengeons-nous-en, et courons le païs,
    Cherchons par tout nostre fortune.
   Pour reüssir dans ce dessein,
Nous changerons nos noms, je laisseray mon train,
    Je me diray votre cousin,
Et vous ne me rendrez aucune deference :
Nous en ferons l'amour avec plus d'asseurance,
   Plus de plaisir, plus de commodité,
Que si j'étois suivy selon ma qualité. »
Joconde approuva fort le dessein du voyage.
   « Il nous faut dans nostre équipage,
Continua le Prince, avoir un livre blanc,
    Pour mettre les noms de celles
    Qui ne seront pas rebelles,
    Chacune selon son rang.
   Je consens de perdre la vie,
Si, devant que sortir des confins d'Italie,
   Tout nostre livre ne s'emplit,
Et si la plus severe à nos vœux ne se range :
   Nous sommes beaux, nous avons de l'esprit,

Avec cela bonnes lettres de change;
Il faudroit estre bien estrange
Pour resister à tant d'appas,
Et ne pas tomber dans les lacqs
De gens qui semeront l'argent et la fleurette,
Et dont la personne est bien faite.»
Leur bagage estant prest, et le livre sur tout,
Nos galans se mettent en voye.
Je ne viendrois jamais à bout
De nombrer les faveurs que l'amour leur envoye;
Nouveaux objets, nouvelle proye :
Heureuses les beautez qui s'offrent à leurs yeux,
Et plus heureuse encor celle qui peut leur plaire!
Il n'est, en la pluspart des lieux,
Femme d'Eschevin ny de Maire,
De Podestat, de Gouverneur,
Qui ne tienne à fort grand honneur
D'avoir en leur registre place.
Les cœurs que l'on croyoit de glace
Se fondent tous à leur abord.
J'entends déja maint esprit fort
M'objecter que la vray-semblance
N'est pas en cecy tout à fait.
Car, dira-t-on, quelque parfait
Que puisse estre un galand dedans cette science,
Encor faut-il du temps pour mettre un cœur à bien.
S'il en faut, je n'en sçais rien;
Ce n'est pas mon mestier de cajoller personne :
Je le rends comme on me le donne,
Et l'Arioste ne ment pas.
Si l'on vouloit à chaque pas
Arrester un conteur d'histoire,
Il n'auroit jamais fait ; suffit qu'en pareil cas
Je promets à ces gens quelque jour de les croire.
Quand nos avanturiers eurent goûté de tout,

(De tout un peu, c'est comme il faut l'entendre)
« Nous mettrons, dit Astolphe, autant de cœurs à bout
    Que nous voudrons en entreprendre ;
    Mais je tiens qu'il vaut mieux attendre.
  Arrestons-nous pour un temps quelque part ;
      Et cela plûtost que plus tard ;
      Car en amour, comme à la table,
      Si l'on en croit la Faculté,
Diversité de mets peut nuire à la santé.
    Le trop d'affaires nous accable ;
     Ayons quelque objet en commun ;
    Pour tous les deux c'est assez d'un.
—J'y consens, dit Joconde, et je sçais une dame
Prés de qui nous aurons toute commodité.
Elle a beaucoup d'esprit, elle est belle, elle est femme
    D'un des premiers de la cité.
—Rien moins, reprit le Roy, laissons la qualité :
    Sous les cotillons des grisettes
    Peut loger autant de beauté
    Que sous les jupes des coquettes.
D'ailleurs, il n'y faut point faire tant de façon ;
    Estre en continuel soupçon,
Dépendre d'une humeur fiere, brusque, ou volage,
    Chez les dames de haut parage
Ces choses sont à craindre, et bien d'autres encor.
    Une grisette est un tresor ;
    Car sans se donner de la peine,
    Et sans qu'aux bals on la promeine,
    On en vient aisément à bout ;
On luy dit ce qu'on veut, bien souvent rien du tout.
Le point est d'en trouver une qui soit fidelle.
    Choisissons-la toute nouvelle,
Qui ne connoisse encor ny le mal ny le bien.
—Prenons, dit le Romain, la fille de notre hôte ;
    Je la tiens pucelle sans faute,

Et si pucelle, qu'il n'est rien
De plus puceau que cette belle ;
Sa poupée en sçait autant qu'elle.
—J'y songeois, dit le Roy ; parlons-luy dés ce soir.
Il ne s'agit que de sçavoir
Qui de nous doit donner à cette jouvencelle,
Si son cœur se rend à nos vœux,
La premiere leçon du plaisir amoureux.
Je sçais que cet honneur est pure fantaisie ;
Toutefois, estant Roy, l'on me le doit ceder ;
Du reste, il est aisé de s'en accommoder.
—Si c'estoit, dit Joconde, une ceremonie,
Vous auriez droit de pretendre le pas,
Mais il s'agit d'un autre cas.
Tirons au sort, c'est la justice ;
Deux pailles en feront l'office. »
De la chappe à l'Evesque, helas ! ils se battoient,
Les bonnes gens qu'ils estoient.
Quoy qu'il en soit, Joconde eut l'avantage
Du pretendu pucelage.
La belle estant venue en leur chambre le soir
Pour quelque petite affaire,
Nos deux avanturiers prés d'eux la firent seoir,
Louerent sa beauté, tâcherent de luy plaire,
Firent briller une bague à ses yeux.
A cet objet si précieux
Son cœur fit peu de resistance :
Le marché se conclud, et dés la mesme nuit,
Toute l'hostellerie estant dans le silence,
Elle les vient trouver sans bruit.
Au milieu d'eux ils luy font prendre place,
Tant qu'enfin la chose se passe
Au grand plaisir des trois, et sur tout du Romain,
Qui crut avoir rompu la glace.
Je luy pardonne, et c'est en vain

Que de ce point on s'embarrasse.
Car il n'est si sotte, aprés tout,
Qui ne puisse venir à bout
De tromper à ce jeu le plus sage du monde :
Salomon, qui grand clerc estoit,
Le reconnoist en quelque endroit,
Dont il ne souvint pas au bon-homme Joconde.
Il se tint content pour le coup,
Crut qu'Astolphe y perdoit beaucoup ;
Tout alla bien, et maistre Pucelage
Joua des mieux son personnage.
Un jeune gars pourtant en avoit essayé.
Le temps, à cela prés, fut fort bien employé,
Et si bien que la fille en demeura contente.
Le lendemain elle le fut encor,
Et mesme encor la nuit suivante.
Le jeune gars s'étonna fort
Du refroidissement qu'il remarquoit en elle :
Il se douta du fait, la gueta, la surprit,
Et luy fit fort grosse querelle.
Afin de l'appaiser la belle luy promit,
Foy de fille de bien, que sans aucune faute,
Leurs Hostes délogez, elle luy donneroit
Autant de rendez-vous qu'il en demanderoit.
« Je n'ay soucy, dit-il, ny d'hôtesse ny d'hôte :
Je veux cette nuit même, ou bien je dirai tout.
—Comment en viendrons nous à bout ?
(Dit la fille fort affligée);
De les aller trouver je me suis engagée :
Si j'y manque, adieu l'anneau
Que j'ay gagné bien et beau.
—Faisons que l'anneau vous demeure,
Reprit le garçon tout à l'heure.
Dites-moy seulement, dorment-ils fort tous deux ?
—Ouy, reprit-elle ; mais entr'eux

Il faut que toute nuit je demeure couchée :
Et tandis que je suis avec l'un empeschée,
L'autre attend sans mot dire, et s'endort bien souvent,
    Tant que le siege soit vacant ;
  C'est-là leur mot. » Le gars dit à l'instant :
« Je vous iray trouver pendant leur premier somme.»
    Elle reprit : « Ah ! gardez-vous-en bien ;
      Vous seriez un mauvais homme.
    —Non, non, dit-il, ne craignez rien,
    Et laissez ouverte la porte. »
    La porte ouverte elle laissa :
    Le galant vint, et s'approcha
    Des pieds du lit ; puis fit en sorte
    Qu'entre les draps il se glissa,
    Et Dieu sçait comme il se plaça,
    Et comme enfin tout se passa :
    Et de cecy ny de cela
    Ne se douta le moins du monde
    Ny le Roy Lombard, ny Joconde.
    Chacun d'eux pourtant s'éveilla,
    Bien estonné de telle aubade.
    Le Roy Lombard dit à part soy :
    « Qu'a donc mangé mon camarade ?
    Il en prend trop, et, sur ma foy,
    C'est bien fait s'il devient malade. »
  Autant en dit de sa part le Romain.
  Et le garçon, ayant repris haleine,
S'en donna pour le jour et pour le lendemain,
    Enfin pour toute la semaine.
Puis, les voyant tous deux rendormis à la fin,
    Il s'en alla de grand matin,
    Toûjours par le mesme chemin,
    Et fut suivy de la Donzelle,
    Qui craignoit fatigue nouvelle.
  Eux éveillez, le Roy dit au Romain :

« Frere, dormez jusqu'à demain ;
　　Vous en devez avoir envie,
Et n'avez à present besoin que de repos.
—Comment! dit le Romain : mais vous-même, à propos,
Vous avez fait tantost une terrible vie.
　　— Moy? dit le Roy, j'ay toûjours attendu :
　　Et puis, voyant que c'estoit temps perdu,
　　　　Que sans pitié ny conscience
Vous vouliez jusqu'au bout tourmenter ce tendron,
　　　　Sans en avoir d'autre raison
　　　　Que d'éprouver ma patience,
Je me suis, malgré moy, jusqu'au jour rendormy.
　　　Que s'il vous eust pleu, nostre amy,
　　J'aurois couru volontiers quelque poste.
　　C'eust esté tout, n'ayant pas la riposte
　　　　Ainsi que vous : qu'y feroit-on?
　　　—Pour Dieu, reprit son compagnon,
Cessez de vous railler, et changeons de matiere.
Je suis votre vassal, vous l'avez bien fait voir.
C'est assez que tantost il vous ait pleu d'avoir
　　　　La fillette toute entiere :
　　Disposez-en ainsy qu'il vous plaira ;
Nous verrons si ce feu toûjours vous durera.
—Il pourra, dit le Roy, durer toute ma vie,
Si j'ay beaucoup de nuits telles que celle-cy.
—Sire, dit le Romain, trêve de raillerie,
Donnez-moy mon congé, puis qu'il vous plaist ainsi. »
Astolphe se piqua de cette repartie,
Et leurs propos s'alloient de plus en plus aigrir,
　　　　Si le Roy n'eust fait venir
　　　　Tout incontinent la belle.
　　　　Ils luy dirent : « Jugez-nous, »
　　　　En luy contant leur querelle.
　　Elle rougit et se mit à genoux,
　　　Leur confessa tout le mystère.

Loin de luy faire pire chere,
Ils en rirent tous deux : l'anneau luy fut donné,
Et maint bel écu couronné,
Dont peu de temps après on la vid mariée,
Et pour pucelle employée.
Ce fut par là que nos avanturiers
Mirent fin à leurs avantures,
Se voyant chargez de lauriers
Qui les rendront fameux chez les races futures :
Lauriers d'autant plus beaux qu'il ne leur en cousta
Qu'un peu d'adresse, et quelques feintes larmes ;
Et que loin des dangers et du bruit des allarmes,
L'un et l'autre les remporta.
Tout fiers d'avoir conquis les cœurs de tant de belles,
Et leur livre estant plus que plein,
Le Roy Lombard dit au Romain :
« Retournons au logis par le plus court chemin :
Si nos femmes sont infidelles,
Consolons-nous, bien d'autres le sont qu'elles.
La constellation changera quelque jour :
Un temps viendra, que le flambeau d'amour
Ne bruslera les cœurs que de pudiques flâmes :
A present on diroit que quelque astre malin
Prend plaisir aux bons tours des maris et des femmes.
D'ailleurs tout l'Univers est plein
De maudits enchanteurs, qui des corps et des ames
Font tout ce qu'il leur plaist : sçavons-nous si ces gens
(Comme ils sont traistres et meschans,
Et toûjours ennemis, soit de l'un, soit de l'autre)
N'ont point ensorcelé mon espouse et la vostre,
Et si, par quelque estrange cas,
Nous n'avons point creu voir chose qui n'estoit pas?
Ainsi que bons bourgeois achevons nostre vie,
Chacun près de sa femme, et demeurons-en là.
Peut-estre que l'absence, ou bien la jalousie,

Nous ont rendu leurs cœurs, que l'Hymen nous osta. »
Astolphe rencontra dans cette prophetie.
Nos deux avanturiers, au logis retournez,
Furent très-bien receus, pourtant un peu grondez,
    Mais seulement par bien-seance.
L'un et l'autre se vid de baisers regalé :
On se recompensa des pertes de l'absence.
    Il fut dansé, sauté, balé,
    Et du nain nullement parlé,
    Ny du valet, comme je pense.
Chaque époux, s'attachant auprès de sa moitié,
Vescut en grand soulas, en paix, en amitié,
    Le plus heureux, le plus content du monde.
La Reine à son devoir ne manqua d'un seul point ;
    Autant en fit la femme de Joconde ;
    Autant en font d'autres qu'on ne sçait point.

II. — RICHARD MINUTOLO

Nouvelle tirée de Bocace.

C'est de tout temps qu'à Naples on a veu
Regner l'amour et la galanterie :
De beaux objets cet estat est pourveu
Mieux que pas un qui soit en Italie.
Femmes y sont, qui font venir l'envie
D'estre amoureux quand on ne voudroit pas.
Une surtout, ayant beaucoup d'appas
Eut pour amant un jeune Gentil-homme
Qu'on appeloit Richard Minutolo :
Il n'estoit lors de Paris jusqu'à Rome
Galant qui sceût si bien le numéro.

Force luy fut ; d'autant que cette belle
(Dont sous le nom de Madame Catelle
Il est parlé dans le Decameron)
Fut un long-temps si dure et si rebelle,
Que Minutol n'en sceut tirer raison.
Que fait-il donc ? Comme il void que son zele
Ne produit rien, il feint d'estre guery ;
Il ne va plus chez Madame Catelle ;
Il se declare amant d'une autre belle ;
Il fait semblant d'en estre favory.
Catelle en rit ; pas grain de jalousie.
Sa concurrente estoit sa bonne amie,
Si bien qu'un jour qu'ils estoient en devis,
Minutolo, pour lors de la partie,
Comme en passant mit dessus le tapis
Certains propos de certaines coquettes,
Certain mary, certaines amourettes,
Qu'il controuva sans personne nommer,
Et fit si bien que Madame Catelle
De son époux commence à s'allarmer,
Entre en soupçon, prend le morceau pour elle.
Tant en fut dit, que la pauvre femelle,
Ne pouvant plus durer en tel tourment,
Voulut sçavoir de son défunt amant,
Qu'elle tira dedans une ruelle,
De quelles gens il entendoit parler :
Qui, quoy, comment, et ce qu'il vouloit dire.
« Vous avez eu, luy dit-il, trop d'empire
Sur mon esprit pour vous dissimuler.
Vostre mary void Madame Simone :
Vous connoissez la galande que c'est :
Je ne le dis pour offenser personne ;
Mais il y va tant de votre interest
Que je n'ay pû me taire davantage.
Si je vivois dessous vostre servage,

Comme autresfois, je me garderois bien
De vous tenir un semblable langage,
Qui de ma part ne seroit bon à rien.
De ses amans toûjours on se méfie.
Vous penseriez que par supercherie
Je vous dirois du mal de vostre époux ;
Mais, grace à Dieu, je ne veux rien de vous.
Ce qui me meut n'est du tout que bon zele.
Depuis un jour j'ay certaine nouvelle
Que votre époux chez Janot le Baigneur
Doit se trouver avecque sa Donzelle.
Comme Janot n'est pas fort grand Seigneur,
Pour cent ducats vous luy ferez tout dire ;
Pour cent ducats il fera tout aussi.
Vous pouvez donc tellement vous conduire,
Qu'au rendez-vous trouvant vostre mary,
Il sera pris sans s'en pouvoir dédire.
Voicy comment. La Dame a stipulé
Qu'en une chambre où tout sera fermé
L'on les mettra ; soit craignant qu'on n'ait veuë
Sur le Baigneur ; soit que, sentant son cas,
Simone encor n'ait toute honte bûe.
Prenez sa place, et ne marchandez pas :
Gagnez Janot ; donnez-luy cent ducats ;
Il vous mettra dedans la chambre noire ;
Non pour jeusner, comme vous pouvez croire :
Trop bien ferez tout ce qu'il vous plaira.
Ne parlez point, vous gâteriez l'histoire,
Et vous verrez comme tout en ira. »
L'expédient plût tres-fort à Catelle.
De grand dépit Richard elle interrompt.
« Je vous entends, c'est assez, luy dit-elle,
Laissez-moy faire, et le drosle et sa belle
Verront beau jeu si la corde ne rompt.
Pensent-ils donc que je sois quelque buze ? »

Lors pour sortir elle prend une excuse,
Et tout d'un pas s'en va trouver Janot,
A qui Richard avoit donné le mot.
L'argent fait tout : si l'on en prend en France
Pour obliger en de semblables cas,
On peut juger avec grande apparence
Qu'en Italie on n'en refuse pas.
Pour tout carquois, d'une large escarcelle
En ce pays le Dieu d'amour se sert.
Janot en prend de Richard, de Catelle ;
Il en eust pris du grand diable d'enfer.
Pour abreger, la chose s'execute
Comme Richard s'estoit imaginé.
Sa maistresse eut d'abord quelque dispute
Avec Janot, qui fit le reservé ;
Mais en voyant bel argent bien compté,
Il promet plus que l'on ne luy demande.
Le temps venu d'aller au rendez-vous,
Minutolo s'y rend seul de sa bande,
Entre en la chambre, et n'y trouve aucuns trous
Par où le jour puisse nuire à sa flâme.
Gueres n'attend : il tardoit à la Dame
D'y rencontrer son perfide d'époux,
Bien préparée à luy chanter sa game.
Pas n'y manqua, l'on peut s'en asseurer.
Dans le lieu dit Janot la fit entrer.
Là ne trouva ce qu'elle alloit chercher :
Point de mary, point de Dame Simone,
Mais au lieu d'eux Minutol en personne,
Qui sans parler se mit à l'embrasser.
Quant au surplus je le laisse à penser :
Chacun s'en doute assez sans qu'on le die.
De grand plaisir nostre amant s'extasie.
Que si le jeu plut beaucoup à Richard,
Catelle aussi, toute rancune à part,

Le laissa faire, et ne voulut mot dire.
Il en profite, et se garde de rire ;
Mais toutefois ce n'est pas sans effort.
De figurer le plaisir qu'a le sire,
Il me faudroit un esprit bien plus fort.
Premierement il jouit de sa belle ;
En second lieu il trompe une cruelle,
Et croit gagner les pardons en cela.
Mais à la fin Catelle s'emporta.
« C'est trop souffrir, traître ! ce luy dit-elle ;
Je ne suis pas celle que tu pretents.
Laisse-moy là ; sinon à belles dents
Je te déchire, et te saute à la veue.
C'est donc cela que tu te tiens en mue,
Fais le malade, et te plains tous les jours,
Te reservant sans doute à tes amours.
Parle, méchant, dis-moy, suis-je pourveue
De moins d'appas, ay-je moins d'agrément,
Moins de beauté, que ta dame Simone ?
Le rare oiseau ! O la belle friponne !
T'aymois-je moins ? Je te hais à présent ;
Et pleust à Dieu que je t'eusse veu pendre. »
Pendant cela Richard pour l'appaiser
La carressoit, tâchoit de la baiser ;
Mais il ne pût ; elle s'en sceut défendre.
« Laisse-moy là ! se mit-elle à crier ;
Comme un enfant penses-tu me traiter ?
N'approche point, je ne suis plus ta femme :
Rends-moy mon bien, va-t'en trouver ta dame :
Va, déloyal, va-t'en, je te le dis.
Je suis bien sotte et bien de mon païs
De te garder la foy de mariage :
A quoy tient-il que, pour te rendre sage,
Tout sur le champ je n'envoye querir
Minutolo, qui m'a si fort cherie ?

Je le devrois afin de te punir ;
Et, sur ma foy, j'en ay presque l'envie. »
A ce propos le galant éclata.
« Tu ris, dit-elle, ô Dieux ! quelle insolence !
Rougira-t-il ? Voyons sa contenance. »
Lors de ses bras la Belle s'échappa,
D'une fenestre à tastons approcha,
L'ouvrit de force, et fut bien estonnée
Quant elle vit Minutol, son amant :
Elle tomba plus d'à demi-pâmée.
« Ah ! qui t'eust creu, dit-elle, si méchant ?
Que dira-t-on ? me voila diffamée.
— Qui le sçaura ? dit Richard à l'instant,
Janot est seur, j'en répons sur ma vie.
Excusez donc si je vous ay trahie ;
Ne me sçachez mauvais gré d'un tel tour :
Adresse, force, et ruse, et tromperie,
Tout est permis en matiere d'amour.
J'estois reduit avant ce stratagême
A vous servir, sans plus, pour vos beaux yeux :
Ay-je failli de me payer moy-mesme ?
L'eussiez-vous fait ? non sans doute ; et les Dieux
En ce rencontre ont tout fait pour le mieux :
Je suis content ; vous n'estes point coupable ;
Est-ce dequoy paroistre inconsolable ;
Pourquoi gemir ? J'en connois, Dieu-mercy,
Qui voudroient bien qu'on les trompast ainsi. »
Tout ce discours n'appaisa point Catelle ;
Elle se mit à pleurer tendrement.
En cet estat elle parut si belle,
Que Minutol, de nouveau s'enflâmant,
Luy prit la main. « Laisse-moy, luy dit-elle :
Contente-toy ; veux-tu donc que j'appelle
Tous les voisins, tous les gens de Janot ?
— Ne faites point, dit-il, cette folie ;

Vostre plus court est de ne dire mot.
Pour de l'argent, et non par tromperie,
(Comme le monde est à présent bâty)
L'on vous croiroit venue en ce lieu-cy.
Que si d'ailleurs cette supercherie
Alloit jamais jusqu'à vostre mary,
Quel déplaisir ! songez-y, je vous prie ;
En des combats n'engagez point sa vie ;
Je suis du moins aussi mauvais que luy. »
A ces raisons enfin Catelle cede.
« La chose estant, poursuit-il, sans remède,
Le mieux sera que vous vous consoliez.
N'y pensez plus. Si pourtant vous vouliez......
Mais bannissons bien loin toute esperance ;
Jamais mon zele et ma perseverance
N'ont eu de vous que mauvais traitement.
Si vous vouliez, vous feriez aisément
Que le plaisir de cette jouissance
Ne seroit pas, comme il est, imparfait :
Que reste-t-il ? le plus fort en est fait. »
Tant bien sceut dire et prescher, que la Dame,
Sechant ses yeux, rasserenant son ame,
Plus doux que miel à la fin l'écouta.
D'une faveur en une autre il passa,
Eut un souris, puis après autre chose,
Puis un baiser, puis autre chose encor ;
Tant que la belle, après un peu d'effort,
Vient à son point, et le drosle en dispose.
Heureux cent fois plus qu'il n'avoit esté !
Car quand l'amour d'un et d'autre costé
Veut s'entremettre, et prend part à l'affaire,
Tout va bien mieux, comme m'ont asseuré
Ceux que l'on tient sçavans en ce mystere.
Ainsi Richard jouit de ses amours,
Vescut content, et fit force bons tours,

Dont celuy-cy peut passer à la monstre.
Pas ne voudrois en faire un plus rusé.
Que pleust à Dieu qu'en certaine rencontre
D'un pareil cas je me fusse avisé !

III.—LE COCU, BATTU ET CONTENT

Nouvelle tirée de Bocace.

N'a pas long-temps de Rome revenoit
Certain Cadet, qui n'y profita guere,
Et volontiers en chemin sejournoit,
Quand par hazard le galand rencontroit
Bon vin, bon giste, et belle chambriere.
Avint qu'un jour, en un bourg arresté,
Il vid passer une dame jolie,
Leste, pimpante, et d'un page suivie,
Et la voyant il en fut enchanté,
La convoita, comme bien sçavoit faire.
Prou de pardons il avoit rapporté ;
De vertu peu ; chose assez ordinaire.
La dame estoit de gracieux maintien,
De doux regard, jeune, fringante et belle ;
Somme qu'enfin il ne luy manquoit rien,
Fors que d'avoir un amy digne d'elle.
Tant se la mit le drosle en la cervelle,
Que dans sa peau peu ny point ne duroit :
Et s'informant comment on l'appelloit :
C'est, luy dit-on, la Dame du village ;
Messire Bon l'a prise en mariage,
Quoyqu'il n'ait plus que quatre cheveux gris ;
Mais, comme il est des premiers du païs,

Son bien supplée au défaut de son âge.
Nostre cadet tout ce détail apprit,
Dont il conceut esperance certaine.
Voicy comment le pelerin s'y prit.
Il renvoya dans la ville prochaine
Tous ses valets ; puis s'en fut au chasteau ;
Dit qu'il estoit un jeune jouvenceau
Qui cherchoit maistre, et qui sçavoit tout faire.
Messire Bon, fort content de l'affaire,
Pour fauconnier le loua bien et beau
(Non toutesfois sans l'avis de sa femme).
Le fauconnier plût très-fort à la dame ;
Et n'estant homme en tel pourchas nouveau,
Guere ne mit à declarer sa flâme.
Ce fut beaucoup ; car le vieillard estoit
Fou de sa femme, et fort peu la quittoit,
Sinon les jours qu'il alloit à la chasse.
Son fauconnier, qui pour lors le suivoit,
Eust demeuré volontiers en sa place.
La jeune dame en estoit bien d'accord ;
Ils n'attendoient que le temps de mieux faire.
Quand je diray qu'il leur en tardoit fort,
Nul n'osera soustenir le contraire.
Amour enfin, qui prit à cœur l'affaire,
Leur inspira la ruse que voicy.
La dame dit un soir à son mary :
« Qui croyez-vous le plus remply de zele
De tous vos gens ? » Ce propos entendu,
Messire Bon luy dit : « J'ay toûjours creu
Le fauconnier garçon sage et fidelle ;
Et c'est à luy que plus je me fierois.
—Vous auriez tort, repartit cette belle ;
C'est un méchant : il me tint l'autre fois
Propos d'amour, dont je fus si surprise,
Que je pensay tomber tout de mon haut ;

Car qui croiroit une telle entreprise?
Dedans l'esprit il me vint aussi-tost
De l'étrangler, de luy manger la veue :
Il tint à peu ; je n'en fus retenue
Que pour n'oser un tel cas publier :
Mesme, à dessein qu'il ne le pust nier,
Je fis semblant d'y vouloir condescendre,
Et cette nuit, sous un certain poirier,
Dans le jardin je luy dis de m'attendre.
Mon mary, dis-je, est toûjours avec moy,
Plus par amour que doutant de ma foy ;
Je ne me puis dépestrer de cet homme,
Sinon la nuit pendant son premier somme :
D'auprès de luy taschant de me lever,
Dans le jardin je vous iray trouver.
Voila l'estat où j'ay laissé l'affaire ! »
Messire Bon se mit fort en colere.
Sa femme dit : « Mon mary, mon époux,
Jusqu'à tantost cachez vostre courroux ;
Dans le jardin attrapez-le vous-mesme ;
Vous le pourrez trouver fort aisément,
Le poirier est à main gauche en entrant.
Mais il vous faut user de stratagème :
Prenez ma juppe, et contre-faites-vous ;
Vous entendrez son insolence extrême :
Lors d'un baston donnez-luy tant de coups,
Que le galant demeure sur la place.
Je suis d'avis que le friponneau fasse
Tel compliment à des femmes d'honneur! »
L'espoux retint cette leçon par cœur.
Onc il ne fut une plus forte dupe
Que ce vieillard, bon-homme au demeurant.
Le temps venu d'attraper le galant,
Messire Bon se couvrit d'une juppe,
S'encorneta, courut incontinent

Dans le jardin, où ne trouva personne :
Garde n'avoit ; car tandis qu'il frissonne,
Claque des dents et meurt quasi de froid,
Le pelerin, qui le tout observoit,
Va voir la dame, avec elle se donne
Tout le bon temps qu'on a, comme je croy,
Lors qu'Amour seul estant de la partie,
Entre deux draps on tient femme jolie,
Femme jolie et qui n'est point à soy.
Quand le galant un assez bon espace
Avec la dame eust esté dans ce lieu,
Force luy fut d'abandonner la place :
Ce ne fut pas sans le vin de l'adieu.
Dans le jardin il court en diligence.
Messire Bon, remply d'impatience,
A tous momens sa paresse maudit.
Le pelerin, d'aussi loin qu'il le vid,
Feignit de croire appercevoir la dame,
Et luy cria : « Quoy donc, méchante femme !
A ton mary tu brassois un tel tour !
Est-ce le fruit de son parfait amour !
Dieu soit témoin que pour toy j'en ay honte,
Et de venir ne tenois quasi conte,
Ne te croyant le cœur si perverti
Que de vouloir tromper un tel mary.
Or bien, je vois qu'il te faut un amy ;
Trouvé ne l'as en moy, je t'en asseure.
Si j'ay tiré ce rendez-vous de toy,
C'est seulement pour éprouver ta foy ;
Et ne t'attends de m'induire à luxure ;
Grand pecheur suis ; mais j'ay, la Dieu mercy,
De ton honneur encor quelque soucy.
A Monseigneur ferois-je un tel outrage ?
Pour toy, tu viens avec un front de page :
Mais, foy de Dieu, ce bras te chastiera ;

Et Monseigneur puis aprés le sçaura. »
Pendant ces mots l'époux pleuroit de joye,
Et tout ravy disoit entre ses dents :
« Loué soit Dieu, dont la bonté m'envoye
Femme et valet si chastes, si prudens. »
Ce ne fut tout ; car à grands coups de gaule
Le pelerin vous luy froisse une épaule ;
De horions laidement l'accoustra ;
Jusqu'au logis ainsi le convoya.
Messire Bon eust voulu que le zele
De son valet n'eust esté jusques-là ;
Mais, le voyant si sage et si fidelle,
Le bon-hommeau des coups se consola.
Dedans le lit sa femme il retrouva,
Luy conta tout, en luy disant : « Mamie,
Quand nous pourrions vivre cent ans encor,
Ny vous ny moy n'aurions de nostre vie
Un tel valet ; c'est sans doute un tresor.
Dans nostre bourg je veux qu'il prenne femme
A l'avenir traitez-le ainsi que moy.
—Pas n'y faudray, luy repartit la Dame,
Et de cecy je vous donne ma foy. »

IV.—LE MARY CONFESSEUR

Conte tiré des Cent Nouvelles Nouvelles.

MESSIRE Artus, sous le grand Roy François,
Alla servir aux guerres d'Italie,
Tant qu'il se vid, aprés maints beaux exploits,
Fait Chevalier en grand' ceremonie.
Son general luy chaussa l'éperon,

Dont il croyoit que le plus haut Baron
Ne luy deust plus contester le passage.
Si s'en revient tout fier en son village,
Où ne surprit sa femme en oraison :
Seule il l'avoit laissée à la maison :
Il la retrouve en bonne compagnie,
Dansant, sautant, menant joyeuse vie,
Et des muguets avec elle à foison.
Messire Artus ne prit goust à l'affaire,
Et ruminant sur ce qu'il devoit faire :
« Depuis que j'ay mon village quitté,
Si j'estois crû, dit-il, en dignité
De cocuage et de chevalerie ?
C'est moitié trop : sçachons la verité. »
Pour ce s'avise, un jour de Confrairie,
De se vestir en prestre, et confesser.
Sa femme vient à ses pieds se placer.
De prime abord sont par la bonne dame
Expediez tous les pechez menus ;
Puis à leur tour les gros estant venus,
Force luy fut qu'elle changeast de game.
« Pere ! dit-elle, en mon lit sont receus
Un Gentil-homme, un Chevalier, un Prêtre. »
Si le mary ne se fust fait connoistre,
Elle en alloit enfiler beaucoup plus ;
Courte n'estoit, pour seur, la kyrielle.
Son mary donc l'interrompt là-dessus,
Dont bien luy prit. « Ah, dit-il, infidelle !
Un Prestre mesme ! A qui crois-tu parler ?
—A mon mary, dit la fausse femelle,
Qui d'un tel pas se sceut bien démesler.
Je vous ai veu dans ce lieu vous couler,
Ce qui m'a fait douter du badinage.
C'est un grand cas qu'estant homme si sage
Vous n'ayez sceu l'énigme débrouiller.

On vous a fait, dites-vous, Chevalier :
Auparavant vous estiez Gentil-homme ;
Vous estes Prestre avecque ces habits.
— Benist soit Dieu, dit alors le bon-homme :
Je suis un sot de l'avoir si mal pris. »

V.—CONTE D'UNE CHOSE ARRIVÉE A CHASTEAU-THIERRY

Un Savetier, que nous nommerons Blaise,
Prit belle femme, et fut très-avisé.
Les bonnes gens, qui n'estoient à leur aise,
S'en vont prier un marchand peu rusé
Qu'il leur prêtast, dessous bonne promesse,
My-muid de grain ; ce que le marchand fait.
Le terme écheu, ce creancier les presse,
Dieu sçait pourquoy : le galant, en effet,
Crut que parlà baiseroit la commere.
« Vous avez trop dequoy me satisfaire,
(Ce luy dit-il) et sans débourser rien :
Accordez-moy ce que vous sçavez bien.
— Je songeray, repond-elle, à la chose : »
Puis vient trouver Blaise tout aussi-tost,
L'avertissant de ce qu'on luy propose.
Blaise luy dit : « Par bieu ! femme, il nous faut,
Sans coup ferir rattraper nostre somme.
Tout de ce pas allez dire à cet homme
Qu'il peut venir, et que je n'y suis point.
Je veux icy me cacher tout à point
Avant le coup demandez la cedule.
De la donner je ne crois qu'il recule

Puis tousserez, afin de m'avertir,
Mais haut et clair, et plûtost deux fois qu'une.
Lors de mon coin vous me verrer sortir
Incontinent, de crainte de fortune. »
Ainsi fut dit, ainsi s'executa,
Dont le mary puis aprés se vanta,
Si que chacun glosoit sur ce mystere.
« Mieux eust valu tousser aprés l'affaire
(Dit à la belle un des plus gros bourgeois);
Vous eussiez eu vostre conte tous trois.
N'y manquez plus, sauf aprés de se taire.
Mais qu'en est-il or çà, belle, entre nous ? »
Elle répond : « Ah ! Monsieur ! croyez-vous
Que nous ayons tant d'esprit que vos dames ?
(Notez qu'illec, avec deux autres femmes,
Du gros bourgeois l'épouse estoit aussi.)
Je pense bien, continua la belle,
Qu'en pareil cas Madame en use ainsi;
Mais quoy! chacun n'est pas si sage qu'elle. »

VI. — CONTE TIRÉ D'ATHÉNÉE

Du temps des Grecs deux sœurs disoient avoir
Aussi beau cul que fille de leur sorte;
La question ne fut que de sçavoir
Quelle des deux dessus l'autre l'emporte.
Pour en juger un expert estant pris,
A la moins jeune il accorde le prix,
Puis, l'espousant, luy fait don de son ame;
A son exemple un sien frere est épris
De la cadette, et la prend pour sa femme.

Tant fut entr'eux à la fin procédé,
Que par les sœurs un temple fut fondé
Dessous le nom de Vénus belle-fesse,
Je ne sçais pas à quelle intention,
Mais c'eust esté le temple de la Grece
Pour qui j'eusse eu plus de dévotion.

VII. — CONTE TIRÉ D'ATHÉNÉE

Axiocus avec Alcibiades,
Jeunes, bien-faits, galants et vigoureux,
Par bon accord, comme grands camarades,
En mesme nid furent pondre tous deux.
Qu'arrive-t-il? l'un de ces amoureux
Tant bien exploite autour de la donzelle
Qu'il en nâquit une fille si belle,
Qu'ils s'en vantoient tous deux également.
Le temps venu que cet objet charmant
Pût pratiquer les leçons de sa mere,
Chacun des deux en voulut estre amant ;
Plus n'en voulut l'un ny l'autre estre pere.
« Frere, dit l'un, ah! vous ne sçauriez faire
Que cet enfant ne soit vous tout craché.
—Parbieu, dit l'autre, il est à vous, compere :
Je prends sur moy le hazard du peché. »

VIII.—AUTRE CONTE TIRÉ D'ATHÉNÉE

A son souper un glouton
Commande que l'on appreste

Pour luy seul un esturgeon.
Sans en laisser que la teste,
Il soupe ; il creve, on y court :
On luy donne maints clisteres.
On luy dit, pour faire court,
Qu'il mette ordre à ses affaires.
« Mes amis, dit le goulu,
M'y voila tout resolu ;
Et puis qu'il faut que je meure,
Sans faire tant de façon,
Qu'on m'apporte tout à l'heure
Le reste de mon poisson. »

IX. — CONTE DE ****

Sœur Jeanne, ayant fait un poupon,
Jeûnoit, vivoit en sainte fille,
Toûjours estoit en oraison,
Et toûjours ses sœurs à la grille.
Un jour donc l'Abbesse leur dit :
« Vivez comme sœur Jeanne vit ;
Fuyez le monde et sa sequelle. »
Toutes reprirent à l'instant :
« Nous serons aussi sages qu'elle
Quand nous en aurons fait autant. »

X. — CONTE DU JUGE DE MESLE

Deux Avocats qui ne s'accordoient point
Rendoient perplex un juge de province :

Si ne pût onc découvrir le vray point,
Tant luy sembloit que fust obscur et mince.
Deux pailles prend d'inégale grandeur :
Du doigt les serre ; il avoit bonne pince.
La longue échet sans faute au deffendeur,
Dont, renvoyé, s'en va gay comme un Prince.
La Cour s'en plaint, et le Juge repart :
« Ne me blâmez, Messieurs, pour cet égard.
De nouveauté dans mon fait il n'est maille ;
Maint d'entre-vous souvent juge au hazard,
Sans que pour ce tire à la courte-paille. »

XI. — CONTE D'UN PAYSAN

QUI AVOIT OFFENSÉ SON SEIGNEUR.

Un Païsan son Seigneur offensa :
L'Histoire dit que c'estoit bagatelle ;
Et toutesfois ce Seigneur le tança
Fort rudement ; ce n'est chose nouvelle.
« Coquin, dit-il, tu merites la hard :
Fay ton calcul d'y venir tost ou tard ;
C'est une fin à tes pareils commune.
Mais je suis bon, et de trois peines l'une
Tu peux choisir : ou de manger trente aulx,
J'entends sans boire et sans prendre repos ;
Ou de souffrir trente bons coups de gaules,
Bien appliquez sur tes larges épaules ;
Ou de payer sur le champ cent écus. »
Le Païsan consultant là-dessus :
« Trente aulx sans boire ! ah ! dit-il en soy-même.
Je n'appris onc à les manger ainsy.

De recevoir les trente coups aussy,
Je ne le puis sans un péril extrême.
Les cent écus, c'est le pire de tous. »
Incertain donc il se mit à genoux,
Et s'écria : « Pour Dieu, miséricorde ! »
Son Seigneur dit : « Qu'on apporte une corde ;
Quoi ! le galant m'ose repondre encor ? »
Le Païsan, de peur qu'on ne le pende,
Fait choix de l'ail ; et le Seigneur commande
Que l'on en cueille, et surtout du plus fort.
Un après un luy-mesme il fait le conte :
Puis, quand il void que son calcul se monte
A la trentaine, il les met dans un plat ;
Et, cela fait, le malheureux pied-plat
Prend le plus gros, en pitié le regarde,
Mange, et rechigne ainsi que fait un chat
Dont les morceaux sont frotez de moûtarde.
Il n'oseroit de la langue y toucher.
Son Seigneur rit, et surtout il prend garde
Que le galant n'avale sans mascher.
Le premier passe ; aussi fait le deuxiéme ;
Au tiers il dit : « Que le diable y ait part ! »
Bref il en fut à grand' peine au douzième,
Que s'écriant : « Haro ! la gorge m'ard !
Tost, tost, dit-il, que l'on m'apporte à boire ! »
Son Seigneur dit : « Ah ! ah ! sire Grégoire !
Vous avez soif ! je vois qu'en vos repas
Vous humectez volontiers le lampas.
Or beuvez donc, et beuvez à votre aise ;
Bon prou vous fasse : hola, du vin, hola !
Mais mon amy, qu'il ne vous en déplaise,
Il vous fauldra choisir après cela,
Des cent écus ou de la bastonnade,
Pour suppléer au défaut de l'aillade.
—Qu'il plaise donc, dit l'autre, à vos bontez

Que les aulx soient sur les coups precontez :
Car, pour l'argent, par trop grosse est la somme :
Où la trouver, moy qui suis un pauvre homme ?
— Hé bien, souffrez les trente horions,
Dit le Seigneur ; mais laissons les oignons. »
Pour prendre cœur, le vassal en sa panse
Loge un long trait, se munit le dedans ;
Puis souffre un coup avec grande constance.
Au deux, il dit : « Donnez-moy patience,
Mon doux Jesus, en tous ces accidens. »
Le tiers est rude, il en grince les dents,
Se courbe tout, et saute de sa place.
Au quart il fait une horrible grimace ;
Au cinq un cri : mais il n'est pas au bout ;
Et c'est grand cas s'il peut digerer tout.
On ne vit onc si cruelle avanture.
Deux forts paillards ont chacun un baston,
Qu'ils font tomber par poids et par mesure,
En observant la cadence et le ton.
Le mal-heureux n'a rien qu'une chanson :
« Grace, » dit-il. Mais las ! point de nouvelle ;
Car le Seigneur fait frapper de plus belle,
Juge des coups, et tient sa gravité,
Disant toûjours qu'il a trop de bonté.
Le pauvre diable enfin craint pour sa vie.
Aprés vingt coups d'un ton piteux il crie :
« Pour Dieu cessez : hélas ! je n'en puis plus. »
Son Seigneur dit : « Payez donc cent écus,
Net et contant : je sçais qu'à le desserre
Vous estes dur ; j'en suis fasché pour vous.
Si tout n'est prest, vostre compere Pierre
Vous en peut bien assister, entre nous.
Mais pour si peu vous ne vous feriez tondre. »
Le mal-heureux, n'osant presque répondre,
Court au magot, et dit : « C'est tout mon fait. »

On examine, on prend un trébuchet.
L'eau cependant luy coule de la face :
Il n'a point fait encor telle grimace.
Mais que luy sert ? il convient tout payer.
C'est grand'pitié quand on fasche son maître !
Ce païsan eut beau s'humilier,
Et pour un fait assez leger peut-estre
Il se sentit enflâmer le gosier,
Vuider la bourse, émoucher les épaules,
Sans qu'il luy fust dessus les cent écus,
Ny pour les aulx, ny pour les coups de gaules,
Fait seulement grace d'un carolus.

PREFACE

DE LA

DEUXIESME PARTIE

*V*OICY les derniers Ouvrages de cette nature qui partiront des mains de l'Auteur, et par consequent la derniere occasion de justifier ses hardiesses et les licences qu'il s'est données. Nous ne parlons point des mauvaises rimes, des Vers qui enjambent, des deux voyelles sans elision, ny en general de ces sortes de negligences qu'il ne se pardonneroit pas luy-mesme en un autre genre de Poësie, mais qui sont inseparables, pour ainsy dire, de celuy-cy. Le trop grand soin de les éviter jetteroit un faiseur de Contes en de longs détours, en des recits aussi froids que beaux, en des contraintes fort inutiles, et luy feroit negliger le plaisir du cœur pour travailler à la satisfaction de l'oreille. Il faut laisser les narrations estudiées pour les grands sujets, et ne pas faire un Poëme epique des avantures de Renaud d'Ast. Quand celuy qui a rimé ces Nouvelles y auroit apporté tout le soin et l'exactitude qu'on luy demande, outre que ce soin s'y remarqueroit d'autant plus qu'il y est moins necessaire, et que cela contrevient aux préceptes de Quintilien, encore l'Autheur n'auroit-il pas satisfait au principal point, qui est d'attacher le Lecteur, de le réjouir, d'attirer malgré luy son attention, de luy plaire enfin : car, comme l'on sçait, le secret de plaire ne consiste pas toûjours en l'ajustement, ny mesme en la regularité : il faut du piquant et de l'agreable, si l'on veut toucher. Combien voyons-nous de ces beautez regulieres qui ne touchent point, et dont personne n'est amoureux? Nous ne voulons pas oster aux modernes la louange qu'ils ont meritée. Le beau tour de Vers, le beau langage, la justesse, les bonnes rimes, sont des perfections en un Poëte; cependant, que l'on considere quelques-unes de nos Epigrammes où tout cela se rencontre; peut-estre y trouvera-t-on beaucoup moins de sel, j'oserois dire encore bien moins de graces, qu'en celles de Marot et de Saint-Gelais, quoy que les ouvrages de ces derniers soient presque tout pleins de ces mesmes fautes qu'on nous impute. On dira que ce n'estoient pas des fautes en leur siecle, et que c'en sont de très-grandes au nostre. A cela nous répondons par un mesme raisonnement, et disons, comme nous avons déja dit, que c'en seroient en effet dans un autre genre de Poësie, mais que ce n'en sont point dans celuy-cy. Feu Monsieur de Voiture en est le garend. Il ne faut que lire ceux de ses ouvrages où il fait revivre le caractere de Marot. Car nostre Autheur ne pretend pas que la gloire luy en soit deuë, ny qu'il ait merité non plus de grands applaudissemens du public pour avoir rimé quelques Contes. Il s'est veritablement engagé dans une carriere toute nouvelle, et l'a fournie le mieux qu'il a pû, prenant tantost un chemin, tantost l'autre, et marchant toûjours plus asseurément quand il a suivy la maniere de nos vieux Poëtes, QUORUM IN HAC RE IMITARI NEGLIGENTIAM EXOPTAT, POTIUS QUAM ISTORUM DILIGEN-

TIAM. *Mais, en disant que nous voulions passer ce point-là, nous nous sommes insensiblement engagez à l'examiner; et possible n'a-ce pas esté inutilement; car il n'y a rien qui ressemble mieux à des fautes que ces licences. Venons à la liberté que l'Auteur se donne de tailler dans le bien d'autruy ainsi que dans le sien propre, sans qu'il en excepte les nouvelles mesme les plus connues, ne s'en trouvant point d'inviolable pour luy. Il retranche, il amplifie, il change les incidens et les circonstances, quelquesfois le principal évenement et la suite; enfin ce n'est plus la mesme chose, c'est proprement une Nouvelle Nouvelle, et celuy qui l'a inventée auroit bien de la peine à reconnoistre son propre ouvrage.* NON SIC DECET CONTAMINARI FABULAS, *diront les Critiques. Et comment ne le diroient-ils pas? Ils ont bien fait le mesme reproche à Terence; mais Terence s'est mocqué d'eux, et a pretendu avoir droit d'en user ainsi. Il a meslé du sien parmy les sujets qu'il a tirés de Menandre, comme Sophocle et Euripide ont meslé du leur parmy ceux qu'ils ont tirez des Escrivains qui les precedoient, n'épargnant Histoire ny Fable où il s'agissoit de la bien-seance et des regles du Dramatique. Ce privilege cessera-t-il à l'égard des Contes faits à plaisir, et faudra-t-il avoir doresnavant plus de respect, et plus de Religion, s'il est permis d'ainsi dire, pour le mensonge, que les Anciens n'en ont eu pour la verité? Jamais ce qu'on appelle un bon Conte ne passe d'une main à l'autre sans recevoir quelque nouvel embellissement. D'où vient donc, nous pourra-t-on dire, qu'en beaucoup d'endroits l'Auteur retranche au lieu d'encherir? Nous en demeurons d'accord, et il le fait pour éviter la longueur et l'obscurité, deux defauts intolerables dans ces matieres, le dernier sur tout: car si la clarté est recommandable en tous les Ouvrages de l'esprit, on peut dire qu'elle est necessaire dans les recits, où une chose, la plupart du temps, est la suite et la dépen-*

dance d'une autre, où le moindre fonde quelquefois le plus important ; en sorte que si le fil vient une fois à se rompre, il est impossible au Lecteur de le renouer. D'ailleurs, comme les narrations en Vers sont très-mal aisées, il se faut charger de circonstances le moins qu'on peut : par ce moyen vous vous soulagez vous-mesme, et vous soulagez aussi le Lecteur, à qui l'on ne sçauroit manquer d'apprester des plaisirs sans peine. Que si l'Auteur a changé quelques incidens et mesme quelque catastrophe, ce qui preparoit cette catastrophe et la necessité de la rendre heureuse l'y ont contraint. Il a cru que dans ces sortes de Contes chacun devoit estre content à la fin : cela plaist toûjours au Lecteur, à moins qu'on ne luy ait rendu les personnes trop odieuses : mais il n'en faut point venir là si l'on peut, ny faire rire et pleurer dans une mesme Nouvelle. Cette bigarrure déplaist à Horace sur toutes choses : il ne veut pas que nos compositions ressemblent aux crotesques, et que nous fassions un ouvrage moitié femme moitié poisson. Ce sont les raisons generales que l'Autheur a euës. On en pourroit encore alleguer de particulieres, et deffendre chaque endroit ; mais il faut laisser quelque chose à faire à l'habileté et à l'indulgence des Lecteurs. Ils se contenteront donc de ces raisons-cy. Nous les aurions mises un peu plus en jour et fait valoir davantage si l'estenduë des Prefaces l'avoit permis.

DEUXIESME PARTIE

I. — LE FAISEUR D'OREILLES ET LE RACCOMMODEUR DE MOULES

*Conte tiré des Cent Nouvelles Nouvelles
et d'un Conte de Bocace.*

Sire Guillaume, allant en marchandise,
Laissa sa femme enceinte de six mois,
Simple, jeunette, et d'assez bonne guise,
Nommée Alix, du païs Champenois.
Compere André l'alloit voir quelquefois :
A quel dessein, besoin n'est de le dire,
Et Dieu le sçait : c'estoit un maistre sire ;
Il ne tendoit guere en vain ses filets ;
Ce n'estoit pas autrement sa coustume.
Sage eût esté l'oiseau qui de ses rets
Se fust sauvé sans laisser quelque plume.
Alix estoit fort neuve sur ce point.
Le trop d'esprit ne l'incommodoit point :
De ce défaut on n'accusoit la belle ;
Elle ignoroit les malices d'Amour.
La pauvre dame alloit tout devant elle,
Et n'y sçavoit ny finesse ny tour.
Son mary donc se trouvant en emplete,

Elle au logis, en sa chambre seulette,
André survient, qui sans long compliment
La considere, et luy dit froidement :
« Je m'ébahis comme au bout du Royaume
S'en est allé le Compere Guillaume,
Sans achever l'enfant que vous portez :
Car je vois bien qu'il luy manque une oreille :
Vostre couleur me le démontre assez,
En ayant veu mainte épreuve pareille.
— Bonté de Dieu ! reprit-elle aussi-tost,
Que dites-vous ? quoy ! d'un enfant monaût
J'accoucherois ? N'y sçavez-vous remède ?
— Si dea, fit-il, je vous puis donner aide
En ce besoin, et vous jureray bien
Qu'autre que vous ne m'en feroit tant faire ;
Le mal d'autruy ne me tourmente en rien,
Fors excepté ce qui touche au Compere ;
Quant à ce point je m'y ferois mourir.
Or essayons, sans plus en discourir,
Si je suis maistre à forger des oreilles.
— Souvenez-vous de les rendre pareilles,
Reprit la femme. — Allez, n'ayez soucy,
Repliqua-t-il ; je prens sur moy cecy. »
Puis le Galant montre ce qu'il sçait faire.
Tant ne fut nice (encor que nice fût)
Madame Alix, que le jeu ne luy plust.
Philosopher ne faut pour cette affaire.
André vaquoit de grande affection
A son travail, faisant ore un tendon,
Ore un reply, puis quelque cartilage,
Et n'y plaignant l'étofe et la façon.
« Demain, dit-il, nous polirons l'ouvrage ;
Puis le mettrons en sa perfection,
Tant et si bien qu'en ayez bonne issue.
— Je vous en suis, dit-elle, bien tenue

Bon fait avoir icy bas un amy. »
Le lendemain, pareille heure venue,
Compere André ne fut pas endormy.
Il s'en alla chez la pauvre innocente.
« Je viens, dit-il, toute affaire cessante,
Pour achever l'oreille que sçavez.
— Et moy, dit-elle, allois par un message
Vous avertir de haster cet ouvrage :
Montons en haut. » Dès qu'ils furent montez,
On poursuivit la chose encommencée.
Tant fut ouvré, qu'Alix dans la pensée
Sur cette affaire un scrupule se mit,
Et l'innocente au bon apostre dit :
« Si cet enfant avoit plusieurs oreilles,
Ce ne seroit à vous bien besogné.
— Rien, rien, dit-il ; à cela j'ay soigné :
Jamais ne faux en rencontres pareilles. »
Sur le métier l'oreille estoit encor
Quand le mary revient de son voyage,
Caresse Alix, qui du premier abord :
« Vous aviez fait, dit-elle, un bel ouvrage !
Nous en tenions sans le Compere André,
Et nostre enfant d'une oreille eust manqué.
Souffrir n'ay pû chose tant indecente.
Sire André donc, toute affaire cessante,
En a faite une : il ne faut oublier
De l'aller voir, et l'en remercier :
De tels amis on a toûjours affaire. »
Sire Guillaume, au discours qu'elle fit,
Ne comprenant comme il se pouvoit faire
Que son épouse eust eu si peu d'esprit,
Par plusieurs fois luy fit faire un recit
De tout le cas ; puis, outré de colere,
Il prit une arme à costé de son lit,
Voulut tuer la pauvre Champenoise,

Qui pretendoit ne l'avoir merité.
Son innocence et sa naïveté
En quelque sorte appaiserent la noise.
« Hélas Monsieur, dit la belle en pleurant,
En quoy vous puis-je avoir fait du dommage?
Je n'ai donné vos draps ny vostre argent,
Le compte y est; et quant au demeurant,
André me dit, quand il parfit l'enfant,
Qu'en trouveriez plus que pour vôtre usage:
Vous pouvez voir; si je mens tuez-moy;
Je m'en rapporte à vostre bonne foy. »
L'Epoux, sortant quelque peu de colere,
Luy répondit : « Or bien, n'en parlons plus;
On vous l'a dit, vous avez crû bien faire,
J'en suis d'accord; contester là dessus
Ne produiroit que discours superflus.
Je n'ay qu'un mot : Faites demain en sorte
Qu'en ce logis j'attrape le galant :
Ne parlez point de nostre different,
Soyez secrette, ou bien vous estes morte.
Il vous le faut avoir adroitement;
Me feindre absent en un second voyage,
Et luy mander, par lettre ou par message,
Que vous avez à luy dire deux mots.
André viendra; puis de quelques propos
L'amuserez, sans toucher à l'oreille,
Car elle est faite, il n'y manque plus rien. »
Nostre innocente executa très-bien
L'ordre donné; ce ne fut pas merveille;
La crainte donne aux bestes de l'esprit.
André venu, l'Epoux guere ne tarde,
Monte, et fait bruit. Le compagnon regarde
Où se sauver : nul endroit il ne vit,
Qu'une ruelle, en laquelle il se mit.
Le mary frappe· Alix ouvre la porte,

Et de la main fait signe incontinent,
Qu'en la ruelle est caché le galant.
Sire Guillaume estoit armé de sorte
Que quatre Andrez n'auroient pû l'étonner.
Il sort pourtant, et va querir main forte,
Ne le voulant sans doute assassiner,
Mais quelque oreille au pauvre homme couper,
Peut-estre pis, ce qu'on coupe en Turquie,
Pays cruel et plein de barbarie.
C'est ce qu'il dit à sa femme tout bas ;
Puis l'emmena, sans qu'elle osast rien dire ;
Ferma très-bien la porte sur le sire.
André se crût sorti d'un mauvais pas,
Et que l'epoux ne sçavoit nulle chose.
Sire Guillaume, en rêvant à son cas
Change d'avis, en soy mesme propose
De se vanger avecque moins de bruit,
Moins de scandale, et beaucoup plus de fruit.
« Alix, dit-il, allez querir la femme
De sire André ; contez-luy vostre cas
De bout en bout ; courez, n'y manquez pas.
Pour l'amener, vous direz à la dame
Que son mary court un peril très-grand ;
Que je vous ay parlé d'un chastiment
Qui la regarde, et qu'aux faiseurs d'oreilles
On fait souffrir en rencontres pareilles :
Chose terrible, et dont le seul penser
Vous fait dresser les cheveux à la teste ;
Que son époux est tout prest d'y passer ;
Qu'on n'attend qu'elle afin d'estre à la feste.
Que toutefois, comme elle n'en peut mais,
Elle pourra faire changer la peine :
Amenez-la, courez ; je vous promets
D'oublier tout moyennant qu'elle vienne. »
Madame Alix bien joyeuse s'en fut

Chez sire André, dont la femme accourut
En diligence, et quasi hors d'haleine ;
Puis monta seule, et, ne voyant André,
Crût qu'il estoit quelque part enfermé.
Comme la Dame estoit en ces alarmes,
Sire Guillaume, ayant quitté ses armes,
La fait asseoir, et puis commence ainsi :
« L'ingratitude est mere de tout vice :
André m'a fait un notable service ;
Parquoy, devant que vous sortiez d'icy,
Je luy rendray si je puis la pareille.
En mon absence il a fait une oreille
Au fruit d'Alix : je veux d'un si bon tour
Me revancher, et je pense une chose :
Tous vos enfans ont le nez un peu court ;
Le moule en est asseurément la cause.
Or je les sçais des mieux raccommoder.
Mon avis donc est que sans retarder,
Nous pourvoyions de ce pas à l'affaire.»
Disant ces mots, il vous prend la Commere,
Et prés d'André la jetta sur le lit,
Moitié raisin, moitié figue en jouit.
La dame prit le tout en patience ;
Bénit le Ciel de ce que la vengeance
Tomboit sur elle, et non sur sire André,
Tant elle avoit pour luy de charité.
Sire Guillaume estoit de son costé
Si fort émeu, tellement irrité,
Qu'à la pauvrette il ne fit nulle grace
Du talion, rendant à son epoux
Féves pour pois, et pain blanc pour fouace.
Qu'on dit bien vray que se venger est doux !
Tres-sage fut d'en user de la sorte :
Puis qu'il vouloit son honneur reparer,
Il ne pouvoit mieux que par cette porte

D'un tel affront, à mon sens, se tirer.
André vit tout, et n'osa murmurer ;
Jugea des coups, mais ce fut sans rien dire,
Et loua Dieu que le mal n'estoit pire.
Pour une oreille il auroit composé ;
Sortir à moins c'estoit pour luy merveilles.
Je dis à moins ; car mieux vaut, tout prisé,
Cornes gagner que perdre ses oreilles.

II. — LES FRÈRES DE CATALOGNE

Nouvelle tirée des Cent Nouvelles Nouvelles.

Je veux vous conter la besogne
Des bons Freres de Catalogne,
Besogne où ces Freres en Dieu
Témoignerent en certain lieu
Une charité si fervente,
Que mainte femme en fut contente
Et crût y gagner Paradis.
Telles gens, par leurs bons avis,
Mettent à bien les jeunes ames,
Tirent à soy filles et femmes,
Se sçavent emparer du cœur,
Et dans la vigne du Seigneur
Travaillent ainsi qu'on peut croire,
Et qu'on verra par cette histoire.
　　Au temps que le sexe vivoit
Dans l'ignorance et ne sçavoit
Gloser encor sur l'Evangile
(Temps à cotter fort difficile),

Un essaim de Freres dismeurs,
Pleins d'appetit et beaux disneurs,
S'alla jetter dans une ville
En jeunes beautez très-fertile.
Pour des galants, peu s'en trouvoit ;
De vieux maris, il en pleuvoit.
A l'abord une Confrerie
Par les bons Peres fut bastie.
Femme n'estoit qui n'y courust,
Qui ne s'en mist, et qui ne crust
Par ce moyen estre sauvée.
Puis quand leur foy fut éprouvée,
On vint au veritable point;
Frere André ne marchanda point,
Et leur fit ce beau petit presche :
« Si quelque chose vous empesche
D'aller tout droit en Paradis,
C'est d'espargner pour vos maris
Un bien dont ils n'ont plus que faire
Quand ils ont pris leur necessaire,
Sans que jamais il vous ait plû
Nous faire part du surperflu.
Vous me direz que nostre usage
Repugne aux dons du mariage ;
Nous l'avouons, et, Dieu mercy,
Nous n'aurions que voir en cecy,
Sans le soin de vos consciences.
La plus griève des offences
C'est d'estre ingrate ; Dieu l'a dit.
Pour cela Satan fut maudit.
Prenez-y garde, et de vos restes
Rendez grace aux bontez celestes,
Nous laissant dismer sur un bien
Qui ne vous couste presque rien.
C'est un droit, ô troupe fidelle,

Qui vous témoigne nostre zele ;
Droit authentique et bien signé,
Que les Papes nous ont donné ;
Droit enfin, et non pas aumosne :
Toute femme doit en personne
S'en acquiter trois fois le mois
Vers les freres Catalanois.
Cela fondé sur l'Escriture :
Car il n'est bien dans la Nature,
(Je le repete, écoutez-moy)
Qui ne subisse cette loy
De reconnoissance et d'hommage :
Or, les œuvres de mariage,
Estant un bien, comme sçavez,
Ou sçavoir chacune devez,
Il est clair que disme en est deuë.
Cette disme sera receue
Selon nostre petit pouvoir :
Quelque peine qu'il faille avoir,
Nous la prendrons en patience :
N'en faites point de conscience ;
Nous sommes gens qui n'avons pas
Toutes nos aises icy bas.
Au reste, il est bon qu'on vous dise
Qu'entre la chair et la chemise
Il faut cacher le bien qu'on fait :
Tout cecy doit estre secret
Pour vos maris et pour tout autre.
Voicy trois mots d'un bon-apostre
Qui font à notre intention :
Foy, charité, discretion. »

 Frere André, par cette eloquence,
Satisfit fort son audience,
Et passa pour un Salomon ;
Peu dormirent à son sermon.

Chaque femme, ce dit l'histoire,
Garda trés-bien dans sa memoire,
Et mieux encor dedans son cœur,
Le discours du predicateur.
Ce n'est pas tout, il s'execute :
Chacune accourt : grande dispute
A qui la premiere payra.
Mainte bourgeoise murmura
Qu'au lendemain on l'eût remise.
La gent qui n'aime pas la bize,
Ne sçachant comme r'envoyer
Cet escadron prest à payer,
Fut contrainte enfin de leur dire :
« De par Dieu souffrez qu'on respire ;
C'en est assez pour le present ;
On ne peut faire qu'en faisant.
Reglez vostre temps sur le nostre ;
Aujourd'huy l'une, et demain l'autre :
Tout avec ordre ; et croyez-nous,
On en va mieux quand on va doux. »
    Le sexe suit cette sentence.
Jamais de bruit pour la quittance,
Trop bien quelque collation,
Et le tout par devotion.
Puis de trinquer à la commere.
Je laisse à penser quelle chere
Faisoit alors Frere Frapart.
Tel d'entr'eux avoit pour sa part
Dix jeunes femmes bien payantes,
Frisques, gaillardes, attrayantes :
Tel aux douze et quinze passoit.
Frere Roc à vingt se chaussoit.
Tant et si bien que les donselles,
Pour se montrer plus ponctuelles,
Payoient deux fois assez souvent :

Dont il avint que le Couvent,
Las enfin d'un tel Ordinaire,
Aprés avoir à cette affaire
Vaqué cinq ou six mois entiers,
Eust fait credit bien volontiers :
Mais les donselles scrupuleuses
De s'acquitter estoient soigneuses,
Croyant faillir en retenant
Un bien à l'Ordre appartenant.
Point de dismes accumulées.
Il s'en trouva de si zelées,
Que par avance elles payoient.
Les beaux Peres n'expedioient
Que les fringuantes et les belles,
Enjoignant aux sempiternelles
De porter en bas leur tribut ;
Car dans ces dismes de rebut
Les Lais trouvoient encor à frire.
Bref, à peine il se pourroit dire
Avec combien de charité
Le tout estoit executé.
 Il avint qu'une de la bande,
Qui vouloit porter son offrande.
Un beau soir, en chemin faisant,
Et son mary la conduisant,
Luy dit : « Mon Dieu, j'ay quelque affaire
Là dedans avec certain Frere;
Ce sera fait dans un moment. »
L'epoux répondit brusquement :
« Quoy ? quelle affaire ? estes-vous folle ?
Il est my-nuit, sur ma parole;
Demain vous direz vos pechés :
Tous les bons Peres sont couchés.
—Cela n'importe, dit la femme;
—Et, par Dieu, si ! dit-il, Madame,

Je tiens qu'il importe beaucoup ;
Vous ne bougerez pour ce coup.
Qu'avez-vous fait, et quelle offence
Presse ainsi vostre conscience ?
Demain matin j'en suis d'accord.
—Ah ! Monsieur, vous me faites tort,
Reprit-elle ; ce qui me presse,
Ce n'est pas d'aller à confesse,
C'est de payer, car, si j'attens,
Je ne le pourray de long-temps ;
Le Frere aura d'autres affaires.
— Quoy payer ? — La disme aux bons Pères.
— Quelle disme ? — Sçavez-vous pas ?
Moy je le sçay ! C'est un grand cas,
Que toûjours femme aux Moines donne.
—Mais cette disme, ou cette aumosne,
La sçauray-je point à la fin ?
— Voyez, dit-elle, qu'il est fin !
N'entendez-vous pas ce langage ?
C'est des œuvres de mariage.
— Quelles œuvres ? reprit l'époux.
—Et-là ! Monsieur, c'est ce que nous.....
Mais j'aurois payé depuis l'heure.
Vous estes cause qu'en demeure
Je me trouve presentement,
Et cela je ne sçay comment,
Car toujours je suis coûtumiere
De payer toute la premiere. »
 L'époux, rempli d'estonnement,
Eut cent pensers en un moment.
Il ne sçût que dire et que croire.
Enfin, pour apprendre l'histoire,
Il se tut, il se contraignit ;
Du secret, sans plus, se plaignit,
Par tant d'endroits tourna sa femme,

Qu'il apprit que mainte autre Dame
Payoit la mesme pension :
Ce luy fut consolation.
« Sçachez, dit la pauvre innocente,
Que pas une n'en est exemte :
Votre sœur paye à Frere Aubry ;
La Baillie au Pere Fabry ;
Son Altesse à Frere Guillaume,
Un des beaux Moines du Royaume ;
Moy, qui paye à Frere Girard,
Je voulois luy porter ma part.
Que de maux la langue nous cause ! »
Quand ce mary sceut toute chose,
Il resolut premierement
D'en avertir secretement
Monseigneur, puis les gens de Ville ;
Mais comme il estoit difficile
De croire un tel cas dés l'abord,
Il voulut avoir le rapport
Du drosle à qui payoit sa femme.
Le lendemain devant la dame
Il fait venir Frere Girard,
Luy porte à la gorge un poignard,
Luy fait conter tout le mystere ;
Puis ayant enfermé ce Frere
A double clef, bien garoté,
Et la dame d'autre côté,
Il va partout conter sa chance.
Au logis du prince il commence ;
Puis il descend chez l'Eschevin ;
Puis il fait sonner le tocsin.
 Toute la ville en est troublée :
On court en foule à l'assemblée,
Et le sujet de la rumeur
N'est point sçeu du peuple dismeur.

Chacun opine à la vengeance.
L'un dit qu'il faut en diligence
Aller massacrer ces cagots ;
L'autre dit qu'il faut de fagots
Les entourer dans leur repaire,
Et brûler gens et monastere.
Tel veut qu'ils soient à l'eau jettez,
Dedans leurs frocs empaquetez,
Afin que cette pepiniere,
Flottant ainsi sur la riviere,
S'en aille apprendre à l'Univers
Comment on traite les pervers.
Tel invente un autre supplice,
Et chacun selon son caprice ;
Bref, tous conclurent à la mort :
L'avis du feu fut le plus fort.
On court au Couvent tout à l'heure :
Mais par respect de la demeure,
L'Arrest ailleurs s'executa ;
Un bourgeois sa grange presta.
La penaille, ensemble enfermée,
Fut en peu d'heures consumée,
Les maris sautans à l'entour,
Et dansans au son du tambour.
Rien n'échappa de leur colère,
Ny Moinillon, ny beat Pere.
Robbes, manteaux et cocluchons,
Tout fut brûlé comme cochons.
Tous perirent dedans les flammes.
Je ne sçay ce qu'on fit des femmes.
Pour le pauvre Frere Girard,
Il avoit eu son fait à part.

III. — LE BERCEAU

Nouvelle tirée de Bocace.

Non loin de Rome un hostelier estoit,
Sur le chemin qui conduit à Florence :
Homme sans bruit, et qui ne se piquoit
De recevoir gens de grosse dépense :
Mesme chez luy rarement on gistoit.
Sa femme estoit encor de bonne affaire,
Et ne passoit de beaucoup les trente ans.
Quant au surplus, ils avoient deux enfans :
Garçon d'un an, fille en âge d'en faire.
Comme il arrive, en allant et venant,
Pinucio, jeune homme de famille,
Jetta si bien les yeux sur cette fille,
Tant la trouva gracieuse et gentille,
D'esprit si doux, et d'air tant attrayant,
Qu'il s'en piqua : trés bien le luy sceut dire ;
Muet n'estoit, elle sourde non plus,
Dont il avint qu'il sauta par dessus
Ces longs soûpirs et tout ce vain martyre.
Se sentir pris, parler, estre écouté,
Ce fut tout un ; car la difficulté
Ne gisoit pas à plaire à cette belle :
Pinuce estoit Gentil-homme bien fait,
Et jusques-là la fille n'avoit fait
Grand cas des gens de mesme étoffe qu'elle.
Non qu'elle creust pouvoir changer d'estat ;
Mais elle avoit, nonobstant son jeune âge,
Le cœur trop haut, le goust trop delicat,

Pour s'en tenir aux amours de village.
Colette donc (ainsi l'on l'appeloit)
En mariage à l'envy demandée,
Rejettoit l'un, de l'autre ne vouloit,
Et n'avoit rien que Pinuce en l'idée.
Longs pourparlers avecque son amant
N'estoient permis ; tout leur faisoit obstacle.
Les rendez-vous et le soulagement
Ne se pouvoient à moins que d'un miracle.
Cela ne fit qu'irriter leurs esprits.
Ne gesnez point, je vous en donne avis,
Tant vos enfans, ô vous peres et meres ;
Tant vos moitiez, vous époux et maris ;
C'est où l'amour fait le mieux ses affaires.
Pinucio, certain soir qu'il faisoit
Un temps fort brun, s'en vient en compagnie
D'un sien amy dans cette hostellerie
Demander giste. On luy dit qu'il venoit
Un peu trop tard. « Monsieur, ajousta l'hoste,
Vous savez bien comme on est à l'étroit
Dans ce logis ; tout est plein jusqu'au toit :
Mieux vous vaudroit passer outre, sans faute :
Ce giste n'est pour gens de vostre estat.
— N'avez-vous point encor quelque grabat,
Reprit l'Amant, quelque coin de reserve ? »
L'hoste repart : « Il ne nous reste plus
Que nostre chambre, où deux lits sont tendus,
Et de ces lits il n'en est qu'un qui serve
Aux survenans ; l'autre nous l'occupons.
Si vous voulez coucher de compagnie,
Vous et Monsieur, nous vous hebergerons. »
Pinuce dit : « Volontiers. Je vous prie
Que l'on nous serve à manger au plûtost. »
Leur repas fait, on les conduit en haut.
Pinucio, sur l'avis de Colette,

Marque de l'œil comme la chambre est faite.
Chacun couché, pour la belle on mettoit
Un lit de camp : celuy de l'hoste estoit
Contre le mur, atenant de la porte ;
Et l'on avoit placé de mesme sorte,
Tout vis-à-vis, celuy du survenant :
Entre les deux un berceau pour l'enfant,
Et toutefois plus prés du lit de l'hoste.
Cela fit faire une plaisante faute
A cet amy qu'avoit nostre galant.
Sur le minuit, que l'hoste apparemment
Devoit dormir, l'hostesse en faire autant,
Pinucio, qui n'attendoit que l'heure,
Et qui contoit les momens de la nuit,
Son temps venu, ne fait longue demeure,
Au lit de camp s'en va droit et sans bruit.
Pas ne trouva la pucelle endormie ;
J'en jurerois. Colette apprit un jeu
Qui, comme on sçait, lasse plus qu'il n'ennuye.
Tréve se fit ; mais elle dura peu :
Larcins d'amour ne veulent longue pose.
Tout à merveille alloit au lit de camp,
Quand cet amy qu'avoit nostre galant,
Pressé d'aller mettre ordre à quelque chose
Qu'hosnestement exprimer je ne puis,
Voulut sortir, et ne put ouvrir l'huis
Sans enlever le berceau de sa place,
L'enfant avec, qu'il mit prés de leur lit ;
Le détourner auroit fait trop de bruit.
Luy revenu, prés de l'enfant il passe,
Sans qu'il daignast le remettre en son lieu ;
Puis se recouche, et quand il plut à Dieu
Se rendormit. Aprés un peu d'espace,
Dans le logis je ne sçais quoy tomba.
Le bruit fut grand ; l'hostesse s'éveilla,

Puis alla voir ce que ce pouvoit estre.
A son retour le berceau la trompa.
Ne le trouvant joignant le lit du maistre,
« Saint Jean, dit-elle en soy-mesme aussi-tost.
J'ay pensé faire une estrange béveue :
Prés de ces gens je me suis, peu s'en faut,
Remise au lit en chemise ainsi nue :
C'estoit pour faire un bon charivary.
Dieu soit loué que ce berceau me monstre
Que c'est icy qu'est couché mon mary. »
Disant ces mots, auprés de cet amy
Elle se met. Fol ne fut n'étourdy
Le compagnon, dedans un tel rencontre :
La mit en œuvre, et sans témoigner rien
Il fit l'epoux ; mais il le fit trop bien.
Trop bien ! je faux ; et c'est tout le contraire :
Il le fit mal ; car qui le veut bien faire
Doit en besogne aller plus doucement.
Aussi l'hostesse eut quelque estonnement.
« Qu'a mon mary, dit-elle, et quelle joye
Le fait agir en homme de vingt ans?
Prenons cecy, puis que Dieu nous l'envoye ;
Nous n'aurons pas toûjours tel passe-temps. »
Elle n'eut dit ces mots entre ses dents,
Que le galant recommence la feste.
La dame estoit de bonne emplette encor :
J'en ay, je crois, dit un mot dans l'abord ;
Chemin faisant, c'estoit fortune honneste.
Pendant cela, Colette apprehendant
D'estre surprise avecque son Amant
Le renvoya, le jour venant à poindre.
Pinucio, voulant aller rejoindre
Son compagnon, tomba tout de nouveau
Dans cette erreur que causoit le berceau ;
Et pour son lit il prit le lit de l'hoste.

Il n'y fut pas qu'en abbaissant sa voix
(Gens trop heureux font toujours quelque faute),
« Amy, dit-il, pour beaucoup je voudrois
Te pouvoir dire à quel point va ma joye.
Je te plains fort que le Ciel ne t'envoye
Tout maintenant mesme bon-heur qu'à moy.
Ma foy, Colette est un morceau de Roy.
Si tu sçavois ce que vaut cette fille !
J'en ay bien veu, mais de telle, entre nous,
Il n'en est point. C'est bien le cuir plus doux,
Le corps mieux fait, la taille plus gentille ;
Et des tetons ! je ne te dis pas tout.
Quoy qu'il en soit, avant que d'estre au bout,
Gaillardement six postes se sont faites ;
Six de bon compte, et ce ne sont sornettes. »
D'un tel propos l'hoste tout étourdy,
D'un ton confus gronda quelques parolles.
L'hostesse dit tout bas à cet amy,
Qu'elle prenoit toûjours pour son mary :
« Ne reçois plus chez toy ces testes folles ;
N'entends-tu point comme ils sont en debat ? »
En son seant l'hoste sur son grabat
S'estant levé, commence à faire éclat.
« Comment, dit-il d'un ton plein de colere,
Vous veniez donc icy pour cette affaire ?
Vous l'entendez ! et je vous sçais bon gré
De vous moquer encor comme vous faites !
Pretendez-vous, beau Monsieur que vous estes,
En demeurer quitte à si bon marché ?
Quoy ! ne tient-il qu'à honnir des familles ?
Pour vos ébats nous nourrirons nos filles !
J'en suis d'avis ! Sortez de ma maison :
Je jure Dieu que j'en aurai raison.
Et toy, coquine, il faut que je te tue. »
A ce discours proferé brusquement,

Pinucio, plus froid qu'une statue,
Resta sans poulx, sans voix, sans mouvement.
Chacun se teut l'espace d'un moment.
Colette entra dans des peurs nompareilles.
L'hostesse, ayant reconnu son erreur,
Tint quelque-temps le loup par les oreilles.
Le seul amy se souvint par bon-heur
De ce berceau principe de la chose.
Adressant donc à Pinuce sa voix :
« T'en tiendras-tu, dit-il, une autre fois ?
T'ay-je averty que le vin seroit cause
De ton mal-heur ? Tu sçais que quand tu bois,
Toute la nuit tu cours, tu te demeines,
Et vas contant mille chimeres vaines
Que tu te mets dans l'esprit en dormant.
Reviens au lit. » Pinuce, au mesme instant,
Fait le dormeur, poursuit le stratagême,
Que le mary prit pour argent contant.
Il ne fut pas jusqu'à l'hostesse mesme
Qui n'y voulust aussi contribuer.
Prés de sa fille elle alla se placer ;
Et dans ce poste elle se sentit forte.
« Par quel moyen, comment, de quelle sorte,
S'écria-t-elle, auroit-il pû coucher
Avec Colette, et la dés-honorer ?
Je n'ai bougé toute nuit d'auprés d'elle :
Elle n'a fait ny pis ny mieux que moy.
Pinucio nous l'alloit donner belle ! »
L'hoste reprit : « C'est assez ; je vous croy. »
On se leva : ce ne fut pas sans rire,
Car chacun d'eux en avoit sa raison.
Tout fut secret, et quiconque eut du bon,
Par devers soy le garda sans rien dire.

IV. — LE MULETIER

Nouvelle tirée de Bocace.

Un roy Lombard (les Roys de ce pays
Viennent souvent s'offrir à ma memoire)
Ce dernier-cy, dont parle en ses écrits
Maistre Bocace, auteur de cette histoire,
Portoit le nom d'Agiluf en son temps.
Il épousa Teudelingue la Belle,
Veuve du Roy dernier, mort sans enfans,
Lequel laissa l'Estat sous la tutelle
De celuy-cy, Prince sage et prudent.
Nulle beauté n'estoit alors égale
A Teudelingue, et la couche royale
De part et d'autre estoit asseurément
Aussi complette, autant bien assortie
Qu'elle fut onc, quand Messer Cupidon
En badinant fit choir de son brandon
Chez Agiluf, droit dessus l'écurie,
Sans prendre garde, et sans se soucier
En quel endroit; dont avecque furie
Le feu se prit au cœur d'un Muletier.
Ce Muletier estoit homme de mine,
Et démentoit en tout son origine,
Bien fait et beau, mesme ayant du bon sens.
Bien le monstra; car, s'estant de la Reine
Amouraché, quand il eut quelque temps
Fait ses efforts, et mis toute sa peine
Pour se guerir, sans pouvoir rien gagner,
Le compagnon fit un tour d'homme habile.

Maistre ne sçais meilleur pour enseigner
Que Cupidon ; l'ame la moins subtile
Sous sa ferule apprend plus en un jour,
Qu'un Maistre és Arts en dix ans aux écoles.
Aux plus grossiers par un chemin bien court
Il sçait montrer les tours et les paroles.
Le present conte en est un bon témoin.
Nostre amoureux ne songeoit, prés ny loin,
Dedans l'abord à jouir de sa mie.
Se declarer de bouche ou par écrit
N'estoit pas seur. Si se mit dans l'esprit,
Mourust ou non, d'en passer son envie.
Puis qu'aussi-bien plus vivre ne pouvoit ;
Et, mort pour mort, toûjours mieux luy valoit,
Auparavant que sortir de la vie,
Eprouver tout, et tenter le hazard.
L'usage estoit chez le peuple Lombard
Que quand le Roy, qui faisoit lit à part
(Comme tous font), vouloit avec sa femme
Aller coucher, seul il se presentoit,
Presque en chemise, et sur son dos n'avoit
Qu'une simarre ; à la porte il frappoit
Tout doucement ; aussi-tost une dame
Ouvroit sans bruit, et le Roy luy mettoit
Entre les mains la clarté qu'il portoit,
Clarté n'ayant grand' lueur ny grand' flâme.
D'abord la dame éteignoit en sortant
Cette clarté ; c'estoit le plus souvent
Une lanterne, ou de simples bougies,
Chaque Royaume a ses ceremonies.
Le muletier remarqua celle-cy,
Ne manqua pas de s'ajuster ainsi,
Se presenta comme c'estoit l'usage,
S'estant caché quelque peu le visage.
La dame ouvrit dormant plus d'à demi.

Nul cas n'estoit à craindre en l'avanture,
Fors que le Roy ne vinst pareillement.
Mais ce jour-là, s'estant heureusement
Mis à chasser, force estoit que nature
Pendant la nuit cherchast quelque repos.
Le muletier, frais, gaillard et dispos,
Et parfumé, se coucha sans rien dire.
Un autre point, outre ce qu'avons dit,
C'est qu'Agiluf, s'il avoit en l'esprit
Quelque chagrin, soit touchant son Empire,
Ou sa famille, ou pour quelque autre cas,
Ne sonnoit mot en prenant ses ébats.
A tout cela Teudelingue estoit faite.
Nostre amoureux fournit plus d'une traite :
Un muletier à ce jeu vaut trois Rois,
Dont Teudelingue entra par plusieurs fois
En pensement, et creut que la colere
Rendoit le Prince, outre son ordinaire,
Plein de transport, et qu'il n'y songeoit pas.
En ses presens le Ciel est toûjours juste ;
Il ne départ à gens de tous estats
Mesmes talens. Un Empereur auguste
A les vertus propres pour commander :
Un Avocat sçait les points decider :
Au jeu d'Amour le muletier fait rage.
Chacun son fait ; nul n'a tout en partage.
Nostre galant, s'estant diligenté,
Se retira sans bruit et sans clarté
Devant l'Aurore. Il en sortoit à peine,
Lors qu'Agiluf alla trouver la Reine ;
Voulut s'ébatre, et l'étonna bien fort.
« Certes, Monsieur, je sçais bien, luy dit-elle,
Que vous avez pour moy beaucoup de zele ;
Mais de ce lieu vous ne faites encor
Que de sortir : mesme outre l'ordinaire

En avés pris, et beaucoup plus qu'assés.
Pour Dieu, Monsieur, je vous prie, avisez
Que ne soit trop ; vostre santé m'est chere. »
Le Roy fut sage, et se douta du tour ;
Ne sonna mot, descendit dans la court,
Puis de la court entra dans l'écurie,
Jugeant en luy que le cas provenoit
D'un muletier, comme l'on luy parloit.
Toute la troupe estoit lors endormie,
Fors le galant, qui trembloit pour sa vie.
Le Roy n'avoit lanterne ny bougie.
En tâtonnant il s'approcha de tous,
Crût que l'auteur de cette tromperie
Se connoistroit au batement du poulx.
Point ne faillit dedans sa conjecture ;
Et le second qu'il tasta d'avanture
Etoit son homme, à qui d'émotion,
Soit pour la peur, ou soit pour l'action,
Le cœur batoit et le poulx tout ensemble.
Ne sçachant pas où devoit aboutir
Tout ce mystere, il feignoit de dormir.   [ble,
Mais quel sommeil ! Le Roy, pendant qu'il trem-
En certain coin va prendre des ciseaux
Dont on coupoit le crain à ses chevaux.
« Faisons, dit-il, au Galant une marque,
Pour le pouvoir demain connoistre mieux. »
Incontinent de la main du Monarque
Il se sent tondre. Un toupet de cheveux
Luy fut coupé, droit vers le front du sire ;
Et cela fait, le Prince se retire.
Il oublia de serrer le toupet,
Dont le galant s'avisa d'un secret
Qui d'Agiluf gasta le stratagême.
Le muletier alla, sur l'heure mesme,
En pareil lieu tondre ses compagnons.

Le jour venu, le Roy vit ces garçons
Sans poil au front. Lors le Prince en son ame :
« Qu'est-cecy donc! qui croiroit que ma femme
Auroit esté si vaillante au déduit ?
Quoy! Teudelingue a-t-elle cette nuit
Fourny d'ébat à plus de quinze ou seize ? »
Autant en vit vers le front de tondus.
« Or bien, dit-il, qui l'a fait si se taise :
Au demeurant, qu'il n'y retourne plus. »

V. — L'ORAISON DE S. JULIEN

Nouvelle tirée de Bocace.

Beaucoup de gens ont une ferme foy
Pour les brevets, oraisons et paroles :
Je me ris d'eux ; et je tiens, quant à moy,
Que tous tels sorts sont receptes frivoles ;
Frivoles sont, c'est sans difficulté.
Bien est-il vray qu'auprès d'une beauté
Paroles ont des vertus nompareilles ;
Paroles font en Amour des merveilles :
Tout cœur se laisse à ce charme amollir.
De tels brevets je veux bien me servir ;
Des autres, non. Voicy pourtant un Conte
Où l'Oraison de Monsieur S. Julien
A Renaud d'Ast produisit un grand bien.
S'il ne l'eust dite, il eust trouvé méconte
A son argent, et mal passé la nuit.
Il s'en alloit devers Chasteau-Guillaume,
Quand trois Quidams (bonnes gens, et sans bruit,
Ce luy sembloit, tels qu'en tout un Royaume

Il n'auroit cru trois aussi gens de bien)
Quand n'ayant, dis-je, aucun soupçon de rien,
Ces trois Quidams, tout pleins de courtoisie
Après l'abord, et l'ayant salué
Fort humblement : « Si nostre compagnie,
Luy dirent-ils, vous pouvoit estre à gré,
Et qu'il vous plust achever cette traite
Avecque nous, ce nous seroit honneur.
En voyageant, plus la troupe est complete,
Mieux elle vaut ; c'est toûjours le meilleur.
Tant de brigands infectent la province,
Que l'on ne sçait à quoy songe le Prince
De le souffrir : mais quoy ! les mal-vivans
Seront toûjours. » Renaud dit à ces gens,
Que volontiers. Une lieue estant faite,
Eux discourant, pour tromper le chemin,
De chose et d'autre, ils tomberent enfin
Sur ce qu'on dit de la vertu secrete
De certains mots, caracteres, brevets,
Dont les aucuns ont de très-bons effets,
Comme de faire aux insectes la guerre,
Charmer les loups, conjurer le tonnerre ;
Ainsi du reste ; où sans pact ny demy
(Dequoy l'on soit pour le moins averty)
L'on se guerit, l'on guerit sa monture,
Soit du farcin, soit de la mémarchure ;
L'on fait souvent ce qu'un bon medecin
Ne sçauroit faire avec tout son latin.
Ces survenans de mainte experience
Se vantoient tous, et Renaud en silence
Les écoutoit. « Mais vous, ce luy dit-on,
Sçavez-vous point aussi quelque Oraison?
— De tels secrets, dit-il, je ne me pique,
Comme homme simple et qui vis à l'antique;
Bien vous diray qu'en allant par chemin

J'ay certains mots que je dis au matin
Dessous le nom d'Oraison ou d'Antienne
De S. Julien, afin qu'il ne m'avienne
De mal gister : et j'ay mesme éprouvé,
Qu'en y manquant cela m'est arrivé.
J'y manque peu : c'est un mal que j'évite
Par-dessus tous, et que je crains autant.
— Et ce matin, Monsieur, l'avez-vous dite ? »
Luy repartit l'un des trois en riant.
« Ouy, dit Renaud. — Or bien, repliqua l'autre,
Gageons un peu quel sera le meilleur,
Pour ce jourd'huy, de mon giste ou du vostre. »
Il faisoit lors un froid plein de rigueur.
La nuit de plus estoit fort approchante,
Et la couchée encore assez distante.
Renaud reprit : « Peut-estre ainsi que moy
Vous servez-vous de ces mots en voyage.
— Point, luy dit l'autre, et vous jure ma foy
Qu'invoquer Saints n'est pas trop mon usage ;
Mais si je perds, je le pratiqueray.
— En ce cas là volontiers gageray,
Reprit Renaud, et j'y mettrois ma vie,
Pourveu qu'alliez en quelque hostellerie ;
Car je n'ay là nulle maison d'ami.
Nous mettrons donc cette clause au pari,
Poursuivit-il, si l'avez agreable :
C'est la raison. » L'autre lui répondit :
« J'en suis d'accord, et gage vostre habit,
Vostre cheval, la bourse au prealable,
Seur de gagner, comme vous allez voir. »
Renaud dés-lors pût bien s'appercevoir
Que son cheval avoit changé d'étable.
Mais quel remede ? En costoyant un bois,
Le parieur ayant changé de voix :
« Ça, descendez, dit-il, mon Gentil-homme ;

Vostre Oraison vous fera bon besoin ;
Chasteau-Guillaume est encore un peu loin.»
Falut descendre. Ils luy prirent, en somme,
Chapeau, casaque, habit, bourse et cheval,
Bottes aussi. « Vous n'aurez tant de mal
D'aller à pied, » luy dirent les perfides.
Puis de chemin (sans qu'ils prissent de guides)
Changeant tous trois, ils furent aussitost
Perdus de veue ; et le pauvre Renaud,
En caleçons, en chausses, en chemise,
Mouillé, fangeux, ayant au nez la bise,
Va tout dolent, et craint avec raison
Qu'il n'ait, ce coup, mal-gré son Oraison,
Trés-mauvais giste ; horsmis qu'en sa valise
Il esperoit : car il est à noter
Qu'un sien valet, contraint de s'arrester
Pour faire mettre un fer à sa monture,
Devoit le joindre. Or il ne le fit pas,
Et ce fut là le pis de l'avanture :
Le drôle, ayant veu de loin tout le cas
(Comme valets souvent ne valent gueres)
Prend à costé, pourvoit à ses affaires,
Laisse son maistre, à travers champs s'enfuit,
Donne des deux, gagne devant la nuit
Chasteau-Guillaume, et dans l'hostellerie
La plus fameuse, enfin la mieux fournie,
Attend Renaud près d'un foyer ardent,
Et fait tirer du meilleur cependant.
Son maistre estoit jusqu'au cou dans les boues ;
Pour en sortir avoit fort à tirer.
Il acheva de se desesperer
Lors que la neige, en luy donnant aux joues,
Vint à flocons, et le vent qui fouetoit.
Au prix du mal que le pauvre homme avoit,
Gens que l'on pend sont sur des lits de roses.

Le sort se plaist à dispenser les choses
De la façon : c'est tout mal ou tout bien.
Dans ses faveurs il n'a point de mesures ;
Dans son courroux de mesme il n'obmet rien
Pour nous mater : témoin les avantures
Q'eut cette nuit Renaud, qui n'arriva
Qu'une heure aprés qu'on eut fermé la porte.
Du pied du mur enfin il s'approcha ;
Dire comment, je n'en sçais pas la sorte.
Son bon destin, par un trés-grand hasard,
Luy fit trouver une petite avance
Qu'avoit un toit ; et ce toit faisoit part
D'une maison voisine du rempart.
Renaud, ravy de ce peu d'allegeance,
Se met dessous. Un bon-heur, comme on dit,
Ne vient point seul : quatre ou cinq brins de paille
Se rencontrant, Renaud les estendit.
« Dieu soit loué, dit-il, voila mon lit. »
Pendant cela le mauvais temps l'assaille
De toutes parts : il n'en peut presque plus.
Transi de froid, immobile et perclus,
Au desespoir bien-tost il s'abandonne,
Claque des dents, se plaint, tremble et frissonne
Si hautement que quelqu'un l'entendit.
Ce quelqu'un-là, c'estoit une servante,
Et sa maistresse une veuve galante,
Qui demeuroit au logis que j'ay dit,
Pleine d'appas, jeune et de bonne grace.
Certain Marquis, Gouverneur de la place,
L'entretenoit ; et de peur d'estre veu,
Troublé, distrait, enfin interrompu
Dans son commerce au logis de la Dame,
Il se rendoit souvent chez cette femme
Par une porte aboutissante aux champs ;
Alloit, venoit, sans que ceux de la ville

En sceussent rien, non pas mesme ses gens.
Je m'en estonne, et tout plaisir tranquille
N'est d'ordinaire un plaisir de Marquis :
Plus il est sceu, plus il leur semble exquis.
Or il avint que la mesme soirée
Où nostre Job, sur la paille estendu,
Tenoit déjà sa fin toute asseurée,
Monsieur estoit de Madame attendu,
Le soupé prest, la chambre bien parée ;
Bons restaurans, champignons et ragousts,
Bains et parfums, matelats blancs et mous,
Vins du coucher, toute l'artillerie
De Cupidon, non pas le langoureux,
Mais celuy-là qui n'a fait en sa vie
Que de bons tours, le patron des heureux,
Des jouissans. Estant donc la donzelle
Preste à bien faire, avint que le Marquis
Ne pût venir : elle en receut l'avis
Par un sien page, et de cela la belle
Se consola : tel estoit leur marché.
Renaud y gagne : il ne fut écouté
Plus d'un moment, que, pleine de bonté,
Cette servante, et confite en tendresse,
Par avanture, autant que sa maistresse,
Dit à la veuve : « Un pauvre souffreteux
Se plaint là bas ; le froid est rigoureux :
Il peut mourir : Vous plaist-il pas, Madame,
Qu'en quelque coin l'on le mette à couvert ?
— Ouy, je le veux, répondit cette femme.
Ce galetas qui de rien ne nous sert
Luy viendra bien ; dessus quelque couchete
Vous luy mettrez un peu de paille nette,
Et là-dedans il faudra l'enfermer ;
De nos reliefs vous le ferez souper
Auparavant, puis l'envoyrez coucher. »

Sans cet arrest, c'estoit fait de la vie
Du bon Renaud. On ouvre, il remercie,
Dit qu'on l'avoit retiré du tombeau,
Conte son cas, reprend force et courage.
Il estoit grand, bien-fait, beau personnage,
Ne sembloit mesme homme en amour nouveau,
Quoy qu'il fust jeune. Au reste il avoit honte
De sa misere et de sa nudité :
L'Amour est nu, mais il n'est pas croté.
Renaud dedans, la chambrière monte,
Et va conter le tout de point en point.
La dame dit : « Regardez si j'ay point
Quelque habit d'homme encor dans mon armoire ;
Car feu Monsieur en doit avoir laissé.
— Vous en avez, j'en ay bonne memoire, »
Dit la servante. Elle eut bien-tost trouvé
Le vray balot. Pour plus d'honnesteté,
La dame ayant appris la qualité
De Renaud d'Ast (car il s'estoit nommé)
Dit qu'on le mit au bain chauffé pour elle.
Cela fut fait ; il ne se fit prier.
On le parfume avant que l'habiller.
Il monte en haut, et fait à la donzelle
Son compliment, comme homme bien appris.
On sert enfin le soupé du Marquis.
Renaud mangea tout ainsi qu'un autre homme,
Mesme un peu mieux, la cronique le dit :
On peut à moins gagner de l'appetit.
Quant à la veuve, elle ne fit, en somme,
Que regarder, témoignant son desir,
Soit que déja l'attente du plaisir
L'eust disposée, ou soit par sympathie,
Ou que la mine, ou bien le procedé
De Renaud d'Ast eussent son cœur touché.
De tous costez se trouvant assaillie,

Elle se rend aux semonces d'Amour.
« Quand je feray, disoit-elle, ce tour,
Qui l'ira dire ? Il n'y va rien du nostre.
Si le Marquis est quelque peu trompé,
Il le merite, et doit l'avoir gagné,
Ou gagnera ; car c'est un bon Apostre.
Homme pour homme, et peché pour peché,
Autant me vaut celuy-ci que cet autre. »
Renaud n'estoit si neuf qu'il ne vist bien
Que l'Oraison de Monsieur S. Julien
Feroit effet, et qu'il auroit bon giste.
Luy hors de table, on dessert au plus viste.
Les voila seuls, et pour le faire court,
En beau début. La dame s'estoit mise
En un habit à donner de l'amour.
La negligence, à mon gré si requise,
Pour cette fois fut sa Dame d'atour.
Point de clinquant : jupe simple et modeste,
Ajustement moins superbe que leste ; [court,
Un mouchoir noir de deux grands doigts trop
Sous ce mouchoir ne sçais quoy fait au tour :
Par là Renaud s'imagina le reste.
Mot n'en diray ; mais je n'obmettray point
Qu'elle estoit jeune, agreable et touchante,
Blanche sur tout, et de taille avenante,
Trop ny trop peu de chair et d'embonpoint.
A cet objet qui n'eust eu l'ame émue !
Qui n'eust aimé ! qui n'eust eu des desirs !
Un philosophe, un marbre, une statue,
Auroient senty comme nous ces plaisirs.
Elle commence à parler la premiere,
Et fait si bien que Renaud s'enhardit.
Il ne sçavoit comme entrer en matiere ;
Mais pour l'ayder la Marchande luy dit :
« Vous rappellez en moy la souvenance

D'un qui s'est veu mon unique soucy :
Plus je vous vois, plus je crois voir aussi
L'air et le port, les yeux, la remembrance
De mon époux, que Dieu luy fasse paix :
Voyla sa bouche, et voyla tous ses traits. »
Renaud reprit : « Ce m'est beaucoup de gloire ;
Mais vous, Madame, à qui ressemblez-vous ?
A nul objet ; et je n'ay point memoire
D'en avoir veu qui m'ait semblé si doux.
Nulle beauté n'approche de la vostre.
Or me voicy d'un mal cheu dans un autre :
Je transissois, je brûle maintenant.
Lequel vaut mieux ? » La Belle, l'arrestant,
S'humilia pour estre contredite :
C'est une adresse à mon sens non petite.
Renaud poursuit, louant par le menu
Tout ce qu'il voit, tout ce qu'il n'a point veu,
Et qu'il verroit volontiers, si la belle
Plus que de droit ne se monstroit cruelle.
« Pour vous louer comme vous meritez,
Ajousta-t-il, et marquer les beautez
Dont j'ay la veue avec le cœur frappée
(Car prés de vous l'un et l'autre s'ensuit)
Il faut un siecle, et je n'ay qu'une nuit,
Qui pourroit estre encor mieux occupée. »
Elle sousrit ; il n'en falut pas plus.
Renaud laissa les discours superflus :
Le temps est cher en amour comme en guerre.
Homme mortel ne s'est veu sur la terre
De plus heureux ; car nul point n'y manquoit.
On resista tout autant qu'il faloit
Ny plus ny moins, ainsi que chaque belle
Sçait pratiquer, pucelle ou non pucelle ;
Au demeurant, je n'ay pas entrepris
De raconter tout ce qu'il obtint d'elle :

Menu détail, baisers donnez et pris,
La petite oye ; enfin ce qu'on appelle
En bon François les preludes d'Amour ;
Car l'un et l'autre y sçavoit plus d'un tour.
Au souvenir de l'estat miserable
Où s'estoit veu le pauvre voyageur,
On luy faisoit toûjours quelque faveur :
« Voila, disoit la veuve charitable,
Pour le chemin, voicy pour les brigans,
Puis pour la peur, puis pour le mauvais temps ; »
Tant que le tout piece à piece s'efface.
Qui ne voudroit se raquiter ainsi ?
Conclusion, que Renaud sur la place
Obtint le don d'amoureuse mercy.
Les doux propos recommencent ensuite,
Puis les baisers, et puis la noix confite.
On se coucha. La dame, ne voulant
Qu'il s'allast mettre au lit de sa servante,
Le mit au sien. Ce fut fait prudemment,
En femme sage, en personne galante.
Je n'ay pas sceu ce qu'estant dans le lit
Ils avoient fait ; mais, comme avec l'habit
On met à part certain reste de honte,
Apparemment le meilleur de ce conte
Entre deux draps pour Renaud se passa.
Là plus à plein il se recompensa
Du mal souffert, de la perte arrivée ;
Dequoy s'estant la veuve bien trouvée,
Il fut prié de la venir revoir ;
Mais en secret, car il faloit pourvoir
Au Gouverneur. La belle, non contente
De ces faveurs, estala son argent.
Renaud n'en prit qu'une somme bastante
Pour regagner son logis promptement.
Il s'en va droit à cette hostellerie

Où son valet estoit encore au lit.
Renaud le rosse, et puis change d'habit,
Ayant trouvé sa valize garnie.
Pour le combler, son bon destin voulut
Qu'on attrapast les Quidams ce jour mesme.
Incontinent chez le Juge il courut.
Il faut user de diligence extrême
En pareil cas ; car le greffe tient bon,
Quand une fois il est saisi des choses :
C'est proprement la caverne au Lion ;
Rien n'en revient : là les mains ne sont closes
Pour recevoir, mais pour rendre trop bien :
Fin celuy-là qui n'y laisse du sien.
Le procez fait, une belle potence
A trois costés fut mise en plein marché :
L'un des Quidams harangua l'assistance
Au nom de tous, et le trio branché
Mourut contrit et fort bien confessé.
« Aprés cela, doutez de la puissance
Des Oraisons, dira quelqu'un de ceux
Dont j'ay parlé ; trois gens par devers eux
Ont un roussin, et nombre de pistoles :
Qui n'auroit cru ces gens-là fort chanceux ?
Aussi font-ils florés et caprioles
(Mauvais presage) et, tout gais et joyeux,
Sont sur le point de partir leur chevance,
Lors qu'on les vient prier d'une autre danse.
En contr'eschange, un pauvre mal-heureux
S'en va perir, selon toute apparence,
Quand sous la main luy tombe une beauté
Dont un Prelat se seroit contenté ;
Il recouvra son argent, son bagage ;
Et son cheval, et tout son équipage ;
Et, grace à Dieu et Monsieur S. Julien,
Eut une nuit qui ne luy cousta rien.

VI.—LA SERVANTE JUSTIFIÉE

Nouvelle tirée des Contes de la Reine de Navarre.

Bocace n'est le seul qui me fournit;
Je vas par fois en une autre boutique.
Il est bien vray que ce divin esprit
Plus que pas un me donne de pratique;
Mais, comme il faut manger de plus d'un pain,
Je puise encore en un vieux magazin :
Vieux, des plus vieux, où Nouvelles Nouvelles
Sont jusqu'à cent, bien déduites et belles
Pour la pluspart, et de trés-bonne main.
Pour cette fois, la Reine de Navarre
D'un « c'estoit moy » naïf autant que rare,
Entretiendra dans ces vers le Lecteur.
Voicy le fait, quiconque en soit l'auteur :
J'y mets du mien selon les occurrences ;
C'est ma coutume, et, sans telles licences
Je quitterois la charge de conteur.
Un homme donc avoit belle servante;
Il la rendit au jeu d'Amour sçavante.
Elle estoit fille à bien armer un lit,
Pleine de suc, et donnant appetit ;
Ce qu'on appelle en François bonne robbe.
Par un beau jour cet homme se dérobe
D'avec sa femme, et d'un trés-grand matin
S'en va trouver sa servante au jardin.
Elle faisoit un bouquet pour Madame :
C'estoit sa feste. Voyant donc de sa femme
Le bouquet fait, il commence à louer

L'assortîment; tâche à s'insinuer :
S'insinuer, en fait de chambriere,
C'est proprement couler sa main au sein,
Ce qui fut fait. La servante soudain
Se défendit : mais de quelle maniere?
Sans rien gaster : c'estoit une façon
Sur le marché; bien sçavoit sa leçon.
La belle prend les fleurs qu'elle avoit mises
En un monceau, les jette au compagnon.
Il la baisa pour en avoir raison :
Tant et si bien qu'ils en vinrent aux prises.
En cet étrif la servante tomba.
Luy d'en tirer aussi-tost avantage.
Le mal-heur fut que tout ce beau ménage
Fut découvert d'un logis près de là.
Nos gens n'avoient pris garde à cette affaire.
Une voisine apperceut le mystere;
L'epoux la vit, je ne sçais pas comment.
« Nous voilà pris, dit-il à sa servante:
Nostre voisine est languarde et méchante;
Mais ne soyez en crainte aucunement. »
Il va trouver sa femme en ce moment,
Puis fait si bien que s'estant éveillée
Elle se leve, et, sur l'heure habillée,
Il continue à jouer son rollet,
Tant qu'à dessein d'aller faire un bouquet,
La pauvre épouse au jardin est menée.
Là fut par luy procedé de nouveau;
Mesme debat, mesme jeu se commence.
Fleurs de voler : tetons d'entrer en danse!
Elle y prit goust; le jeu luy sembla beau :
Somme, que l'herbe en fut encor froissée.
La pauvre dame alla l'apresdînée
Voir sa voisine, à qui ce secret-là
Chargeoit le cœur : elle se soulagea

Tout dés l'abord. « Je ne puis, ma commere,
Dit cette femme avec un front severe,
Laisser passer sans vous en avertir
Ce que j'ay veu. Voulez-vous vous servir
Encor long-temps d'une fille perdue ?
A coups de pied, si j'estois que de vous,
Je l'envoyrois ainsi qu'elle est venue.
Comment ! elle est aussi brave que nous !
Or bien ; je sçais celuy de qui procede
Cette piafe : apportez-y remede
Tout au plustost, car je vous avertis
Que ce matin estant à la fenestre,
(Ne sçais pourquoy) j'ai veu de mon logis
Dans son jardin vostre mary paroistre,
Puis la galande ; et tous deux se sont mis
A se jetter quelques fleurs à la teste. »
Sur ce propos l'autre l'arresta coy.
« Je vous entends, dit-elle ; c'estoit moy.

LA VOISINE.

Voire ! écoutez le reste de la feste :
Vous ne sçavez où je veux en venir.
Les bonnes gens se sont pris à cueillir
Certaines fleurs que baisers on appelle.

LA FEMME.

C'est encor moy que vous preniez pour elle.

LA VOISINE.

Du jeu des fleurs à celuy des tetons
Ils sont passez : après quelques façons,
A pleines mains l'on les a laissez prendre.

LA FEMME.

Et pourquoy non ? c'estoit moy : vostre époux
N'a-t-il donc pas les mesmes droits sur vous ?

LA VOISINE.

Cette personne enfin sur l'herbe tendre
Est trebuchée, et, comme je le croy,
Sans se blesser ; vous riez ?

LA FEMME.

C'estoit moy.

LA VOISINE.

Un cotillon a paré la verdure.

LA FEMME.

Cestoit le mien.

LA VOISINE.

Sans vous mettre en courroux :
Qui le portoit, de la fille ou de vous ?
C'est là le point ; car Monsieur vostre epoux
Jusques au bout a poussé l'avanture.

LA FEMME.

Qui ? c'estoit moy : vostre teste est bien dure.

LA VOISINE.

Ah ; c'est assez. Je ne m'informe plus ;
J'ay pourtant l'œil assez bon, ce me semble :
J'aurois juré que je les avois veus
En ce lieu-là se divertir ensemble.
Mais excusez, et ne la chassez pas.

LA FEMME.

Pourquoy chasser ? j'en suis trés-bien servie.

LA VOISINE.

Tant pis pour vous : c'est justement le cas.
Vous en tenez, ma commere m'amie.

Baise ta Servante en un coin,
Si tu ne veux baiser ta femme en un jardin.

VII.—LA GAGEURE DES TROIS COMMERES

Où sont deux Nouvelles tirées de Bocace.

Après bon vin, trois commeres un jour
S'entretenoient de leurs tours et prouesses.
Toutes avoient un amy par amour,
Et deux estoient au logis les maistresses.
L'une disoit : « J'ay le Roy des maris ;
Il n'en est point de meilleur dans Paris.
Sans son congé je vas par tout m'ébatre :
Avec ce tronc j'en ferois un plus fin.
Il ne faut pas se lever trop matin
Pour luy prouver que trois et deux font quatre.
—Par mon serment, dit une autre aussi-tost,
Si je l'avois j'en ferois une estreine ;
Car quant à moy, du plaisir ne me chaut,
A moins qu'il soit meslé d'un peu de peine.
Vostre époux va tout ainsi qu'on le meine ;
Le mien n'est tel, j'en rends graces à Dieu.
Bien sçauroit prendre et le temps et le lieu,
Qui tromperoit à son ayse un tel homme.
Pour tout cela ne croyez que je chomme :
Le passetemps en est d'autant plus doux ;
Plus grand en est l'amour des deux parties.
Je ne voudrois contre aucune de vous,
Qui vous vantez d'estre si bien loties,
Avoir troqué de galant ny d'époux. »
Sur ce debat la troisiéme Commere
Les mit d'accord ; car elle fut d'avis
Qu'Amour se plaist avec les bons maris,

Et veut aussi quelque peine legere.
Ce point vidé, le propos s'échauffant,
Et d'en conter toutes trois triomphant,
Celle-cy dit : « Pourquoi tant de paroles ?
Voulez-vous voir qui l'emporte de nous ?
Laissons à part les disputes frivoles:
Sur nouveaux faits attrapons nos époux ;
Le moins bon tour payera quelque amande.
— Nous le voulons, c'est ce que l'on demande,
Dirent les deux. Il faut faire serment
Que toutes trois, sans nul déguisement,
Rapporterons, l'affaire estant passée,
Le cas au vray ; puis pour le jugement
On en croira la Commere Macée. »
Ainsi fut dit, ainsi l'on l'accorda.
Voicy comment chacune y proceda :
Celle des trois qui plus estoit contrainte
Aimoit alors un beau jeune garçon,
Frais, delicat, et sans poil au menton,
Ce qui leur fit mettre en jeu cette feinte :
Les pauvres gens n'avoient de leurs amours
Encor jouy, sinon par échapées :
Toûjours faloit forger de nouveaux tours,
Toûjours chercher des maisons empruntées.
Pour plus à l'aise ensemble se jouer,
La bonne dame habille en chambriere
Le jouvenceau, qui vient pour se louer,
D'un air modeste, et baissant la paupiere.
Du coin de l'œil l'epoux le regardoit,
Et dans son cœur deja se proposoit
De rehausser le linge de la fille.
Bien luy sembloit, en la considerant,
N'en avoir veu jamais de si gentille.
On la retient ; avec peine pourtant :
Belle servante et mary vert galant,

C'estoit matiere à feindre du scrupule.
Les premiers jours le mary dissimule,
Détourne l'œil, et ne fait pas semblant
De regarder sa servante nouvelle ;
Mais tost aprés il tourna tant la belle,
Tant luy donna, tant encor luy promit,
Qu'elle feignit à la fin de se rendre ;
Et de jeu fait, à dessein de le prendre,
Un certain soir la galande luy dit :
« Madame est mal, et seule elle veut estre
Pour cette nuit. » Incontinent le maistre
Et la servante ayant fait leur marché,
S'en vont au lit, et le drosle couché,
Elle en cornette et dégrafant sa jupe,
Madame vient : qui fut bien empêché,
Ce fut l'epoux, cette fois pris pour dupe.
« Oh, oh, luy dit la Commere en riant,
Vostre ordinaire est donc trop peu friand
A vostre goust ? Et, par saint Jean, beau Sire,
Un peu plûtost vous me le deviez dire :
J'aurois chez moy toûjours eu des tendrons.
De celuy-cy, pour certaines raisons,
Vous faut passer ; cherchez autre avanture.
Et vous, la belle au dessein si gaillard,
Mercy de moy, chambriere d'un liard,
Je vous rendray plus noire qu'une meure.
Il vous faut donc du mesme pain qu'à moy !
J'en suis d'avis ! Non pourtant qu'il m'en chaille,
Ny qu'on ne puisse en trouver qui le vaille :
Graces à Dieu, je crois avoir dequoy
Donner encore à quelqu'un dans la veue ;
Je ne suis pas à jetter dans la rue.
Laissons ce poinct ; je sçais un bon moyen :
Vous n'aurez plus d'autre lit que le mien.
Voyez un peu ; diroit-on qu'elle y touche ?

Viste, marchons, que du lit où je couche
Sans marchander on prenne le chemin :
Vous chercherez vos besognes demain.
Si ce n'estoit le scandale et la honte,
Je vous mettrois dehors en cet estat.
Mais je suis bonne, et ne veux point d'éclat :
Puis je rendray de vous un très-bon compte
A l'avenir, et vous jure ma foy
Que nuit et jour vous serez prés de moy.
Qu'ay-je besoin de me mettre en alarmes,
Puis que je puis empêcher tous vos tours ? »
La chambriere, écoutant ce discours,
Fait la honteuse et jette une ou deux larmes,
Prend son pacquet, et sort sans consulter ;
Ne se le fait par deux fois repeter ;
S'en va jouer un autre personnage ;
Fait au logis deux mestiers tour à tour ;
Galant de nuit, chambriere de jour,
En deux façons elle a soin du mesnage.
Le pauvre époux se trouve tout heureux
Qu'à si bon compte il en ait esté quite.
Luy couché seul, nostre couple amoureux
D'un temps si doux à son aise profite.
Rien ne s'en perd, et des moindres momens
Bons ménagers furent nos deux amans,
Sçachant très-bien que l'on n'y revient gueres.
Voilà le tour de l'une des Commeres.

L'autre, de qui le mari croyoit tout,
Avecque luy sous un poirier assise,
De son dessein vint aysément à bout.
En peu de mots j'en vas conter la guise.
Leur grand valet prés d'eux estoit debout,
Garçon bien-fait, beau parleur, et de mise,
Et qui faisoit les servantes troter.
La dame dit : « Je voudrois bien gouster

De ce fruit là ; Guillot, monte, et secoue
Nostre poirier. » Guillot monte à l'instant.
Grimpé qu'il est, le drosle fait semblant
Qu'il luy paroist que le mary se joue
Avec la femme ; aussi-tost le valet,
Frotant ses yeux comme estonné du fait :
« Vrayment, Monsieur, commence-t-il à dire,
Si vous vouliez Madame caresser,
Un peu plus loin vous pouviez aller rire,
Et moy present du moins vous en passer.
Cecy me cause une surprise extrême.
Devant les gens prendre ainsi vos ébats !
Si d'un valet vous ne faites nul cas,
Vous vous devez du respect à vous-mesme.
Quel taon vous point ? attendez à tantost :
Ces privautez en seront plus friandes ;
Tout aussi bien, pour le temps qu'il vous faut,
Les nuits d'esté sont encore assez grandes.
Pourquoy ce lieu ? vous avez pour cela
Tant de bons lits, tant de chambres si belles ! »
La Dame dit : « Que conte celuy-là ?
Je crois qu'il resve : où prend-il ces nouvelles ?
Qu'entend ce fol avecque ses ébats ?
Descends, descends, mon ami, tu verras. »
Guillot descend. « Hé bien ! luy dit son maistre,
Nous jouons-nous ?

GUILLOT.

Non pas pour le present.

LE MARY.

Pour le present ?

GUILLOT.

Ouy, Monsieur, je veux estre
Ecorché vif, si tout incontinent
Vous ne baisiez Madame sur l'herbette.

LA FEMME.

Mieux te vaudroit laisser cette sornette ;
Je te le dis ; car elle sent les coups.

LE MARY.

Non, non, m'amie, il faut qu'avec les fous
Tout de ce pas par mon ordre on le mette.

GUILLOT.

Est-ce estre fou que de voir ce qu'on voit ?

LA FEMME.

Et qu'as-tu veu ?

GUILLOT.

J'ay veu, je le repete,
Vous et Monsieur qui dans ce même endroit
Jouïez tous deux au doux jeu d'amourette,
Si ce poirier n'est peut-estre charmé.

LA FEMME.

Voire, charmé ! tu nous fais un beau conte !

LE MARY.

Je le veux voir ; vrayment faut que j'y monte :
Vous en sçaurez bien-tost la vérité. »
Le maistre à peine est sur l'arbre monté,
Que le valet embrasse la maistresse.
L'epoux, qui voit comme l'on se caresse,
Crie, et descend en grand' haste aussi-tost.
Il se rompit le col, ou peu s'en faut,
Pour empêcher la suite de l'affaire :
Et toutesfois il ne pût si bien faire
Que son honneur ne receust quelque eschec.
« Comment, dit-il, quoy ! mesme à mon aspect !
Devant mon nez ! à mes yeux ! — Sainte Dame,
Que vous faut-il ? qu'avez-vous ? dit la femme.

LE MARY.

Oses-tu bien le demander encor?

LA FEMME.

Et pourquoy non?

LE MARY.

Pourquoy ? N'ai-je pas tort
De t'accuser de cette effronterie?

LA FEMME.

Ah! c'en est trop, parlez mieux, je vous prie.

LE MARY.

Quoy! ce coquin ne te caressoit pas?

LA FEMME.

Moy? vous resvez.

LE MARY.

D'où viendroit donc ce cas?
Ay-je perdu la raison ou la veue?

LA FEMME.

Me croyez-vous de sens si dépourveue,
Que devant vous je commisse un tel tour?
Ne trouverois-je assez d'heures au jour
Pour m'égayer, si j'en avois envie?

LE MARY.

Je ne sçay plus ce qu'il faut que j'y die.
Nostre poirier m'abuse asseurément.
Voyons encor. » Dans le mesme moment
L'epoux remonte, et Guillot recommence.
Pour cette fois le mary void la danse
Sans se fascher, et descend doucement.
« Ne cherchez plus, leur dit-il, d'autres causes;

C'est ce poirier, il est ensorcelé.
—Puis qu'il fait voir de si vilaines choses,
Reprit la femme, il faut qu'il soit brûlé.
Cours au logis ; dy qu'on le vienne abattre.
Je ne veux plus que cet arbre maudit
Trompe les gens. » Le valet obéit.
Sur le pauvre arbre ils se mettent à quatre,
Se demandant l'un l'autre sourdement
Quel si grand crime a ce poirier pû faire ?
La Dame dit : « Abattez seulement ;
Quant au surplus, ce n'est pas vostre affaire. »
Par ce moyen la seconde commere
Vint au-dessus de ce qu'elle entreprit.
Passons au tour que la troisiéme fit.

 Les rendez-vous chez quelque bonne amie
Ne luy manquoient non plus que l'eau du puits.
Là tous les jours estoient nouveaux déduits.
Nostre donzelle y tenoit sa partie.
Un sien amant estant lors de quartier,
Ne croyant pas qu'un plaisir fust entier
S'il n'estoit libre, à la dame propose
De se trouver seuls ensemble une nuit.
« Deux, luy dit-elle, et pour si peu de chose
Vous ne serez nullement éconduit ;
Jà de par moy ne manquera l'affaire.
De mon mary je sçauray me défaire
Pendant ce temps. » Aussi-tost fait que dit.
Bon besoin eut d'estre femme d'esprit,
Car pour époux elle avoit pris un homme
Qui ne faisoit en voyages grands frais ;
Il n'alloit pas querir pardons à Rome
Quand il pouvoit en rencontrer plus prés,
Tout au rebours de la bonne donzelle,
Qui, pour monstrer sa ferveur et son zele,
Toûjours alloit au plus loin s'en pourvoir.

Pelerinage avoit fait son devoir
Plus d'une fois ; mais c'estoit le vieux style :
Il lui faloit, pour se faire valoir,
Chose qui fust plus rare et moins facile.
Elle s'attache à l'orteil dés ce soir
Un brin de fil, qui rendoit à la porte
De la maison, et puis se va coucher
Droit au costé d'Henriet Berlinguier.
(On appelloit son mary de la sorte.)
Elle fit tant qu'Henriet se tournant
Sentit le fiel. Aussi-tost il soupçonne
Quelque dessein, et, sans faire semblant
D'estre éveillé, sur ce fait il raisonne,
Se leve enfin, et sort tout doucement,
De bonne foy son épouse dormant,
Ce luy sembloit ; suit le fil dans la rue ;
Conclud de là que l'on le trahissoit ;
Que quelque amant que la donzelle avoit
Avec ce fil par le pied la tiroit,
L'avertissant ainsi de sa venue :
Que la galande aussi-tost descendoit,
Tandis que luy pauvre mary dormoit.
Car autrement pourquoy ce badinage ?
Il faloit bien que Messer Cocuage
Le visitast ; honneur dont à son sens
Il se seroit passé le mieux du monde.
Dans ce penser il s'arme jusqu'aux dents,
Hors la maison fait le guet et la ronde
Pour attraper quiconque tirera
Le brin de fil. Or le Lecteur sçaura
Que ce logis avoit sur le derriere
Dequoy pouvoir introduire l'amy :
Il le fut donc par une chambriere.
Tout domestique en trompant un mary
Pense gagner indulgence pleniere.

Tandis qu'ainsi Berlinguier fait le guet,
La bonne dame et le jeune muguet
En sont aux mains, et Dieu sçait la maniere.
En grand soulas cette nuit se passa.
Dans leurs plaisirs rien ne les traversa.
Tout fut des mieux, graces à la servante,
Qui fit si bien devoir de surveillante,
Que le galant tout à temps délogea.
L'époux revint quand le jour approcha,
Reprit sa place, et dit que la migraine
L'avoit contraint d'aller coucher en haut.
Deux jours après la commere ne faut
De mettre un fil ; Berlinguier aussi-tost,
L'ayant senty, rentre en la mesme peine,
Court à son poste, et nostre amant au sien.
Renfort de joye : on s'en trouva si bien,
Qu'encor un coup on pratiqua la ruse ;
Et Berlinguier, prenant la mesme excuse,
Sortit encore, et fit place à l'amant.
Autre renfort de tout contentement.
On s'en tint là. Leur ardeur refroidie,
Il en falut venir au dénouement ;
Trois actes eut sans plus la comedie.
Sur le minuit l'amant s'étant sauvé,
Le brin de fil aussi-tost fut tiré
Par un des siens, sur qui l'époux se rue,
Et le contraint en occupant la rue
D'entrer chez luy, le tenant au collet,
Et ne sçachant que ce fust un valet.
Bien à propos luy fut donné le change.
Dans le logis est un vacarme estrange.
La femme accourt au bruit que fait l'époux.
Le compagnon se jette à leurs genoux,
Dit qu'il venoit trouver la chambriere ;
Qu'avec ce fil il la tiroit à soy

Pour faire ouvrir ; et que depuis n'aguere
Tous deux s'estoient entredonné la foy.
« C'est donc cela, poursuivit la commere
En s'adressant à la fille, en colère,
Que l'autre jour je vous vis à l'orteil
Un brin de fil : je m'en mis un pareil,
Pour attraper avec ce stratagême
Vostre galant. Or bien, c'est vostre époux :
A la bonne heure : il faut cette nuit-mesme
Sortir d'ici. » Berlinguier fut plus doux ;
Dit qu'il faloit au lendemain attendre.
On les dota l'un et l'autre amplement,
L'epoux la fille, et le valet l'amant :
Puis au moûtier le couple s'alla rendre,
Se connoissant tous deux de plus d'un jour.
Ce fut la fin qu'eut le troisiéme tour.
 Lequel vaut mieux ? Pour moy, je m'en rapporte.
Macée, ayant pouvoir de décider,
Ne sceut à qui la victoire accorder,
Tant cette affaire à resoudre estoit forte.
Toutes avoient eu raison de gager.
Le procez pend, et pendra de la sorte
Encor long-temps, comme l'on peut juger.

VIII.—LE CALENDRIER DES VIEILLARDS

Nouvelle tirée de Bocace.

Plus d'une fois je me suis étonné,
Que ce qui fait la paix du mariage
En est le poinct le moins consideré

Lors que l'on met une fille en ménage.
Les pere et mere ont pour objet le bien ;
Tout le surplus, ils le comptent pour rien :
Jeunes tendrons à vieillards apparient ;
Et cependant je voy qu'ils se soucient
D'avoir chevaux à leur char attelez
De mesme taille, et mesmes chiens couplez ;
Ainsi des bœufs, qui de force pareille
Sont toûjours pris ; car ce seroit merveille
Si sans cela la charrue alloit bien.
Comment pourroit celle du mariage
Ne mal aller, estant un attelage
Qui bien souvent ne se rapporte en rien ?
J'en vas conter un exemple notable.
On sçait qui fut Richard de Quinzica,
Qui mainte feste à sa femme allegua,
Mainte vigile, et maint jour feriable,
Et du devoir crut s'échaper par là.
Trés-lourdement il erroit en cela.
Cestuy Richard estoit Juge dans Pise,
Homme sçavant en l'étude des loix,
Riche d'ailleurs, mais dont la barbe grise
Monstroit assez qu'il devoit faire choix
De quelque femme à peu près de même âge ;
Ce qu'il ne fit, prenant en mariage
La mieux seante et la plus jeune d'ans
De la cité, fille bien alliée,
Belle sur tout ; c'estoit Bartholomée
De Galandi, qui parmy ses parens
Pouvoit compter les plus gros de la ville.
En ce ne fit Richard tour d'homme habile,
Et l'on disoit communément de luy
Que ses enfans ne manqueroient de peres.
Tel fait mestier de conseiller autruy,
Qui ne voit goute en ses propres affaires.

L. F., CONTES. 7

Quinzica donc n'ayant dequoy servir
Un tel oiseau qu'estoit Bartholomée,
Pour s'excuser, et pour la contenir,
Ne rencontroit point de jour en l'année,
Selon son compte et son Calendrier,
Où l'on se pust sans scrupule appliquer
Au fait d'Hymen ; chose aux vieillards commode,
Mais dont le sexe abhorre la methode.
Quand je dis point, je veux dire trés-peu :
Encor ce peu luy donnoit de la peine.
Toute en ferie il mettoit la semaine,
Et bien souvent faisoit venir en jeu
Saint qui ne fut jamais dans la legende.
Le Vendredy, disoit-il, nous demande
D'autres pensers, ainsi que chacun sçait :
Pareillement il faut que l'on retranche
Le Samedy, non sans juste sujet,
D'autant que c'est la veille du Dimanche.
Pour ce dernier, c'est un jour de repos.
Quant au Lundy, je ne trouve à propos
De commencer par ce poinct la semaine ;
Ce n'est le fait d'une ame bien chrestienne.
Les autres jours autrement s'excusoit :
Et quand venoit aux festes solemnelles,
C'estoit alors que Richard triomphoit,
Et qu'il donnoit les leçons les plus belles.
Long-temps devant toûjours il s'abstenoit,
Long-temps après il en usoit de même ;
Aux Quatre-temps autant il en faisoit,
Sans oublier l'Avent ny le Carême.
Cette saison pour le vieillard estoit
Un temps de Dieu ; jamais ne s'en lassoit.
De patrons mesme il avoit une liste.
Point de quartier pour un Evangeliste,
Pour un apostre ou bien pour un docteur ;

Vierge n'estoit, martyr et confesseur
Qu'il ne chommast ; tous les sçavoit par cœur.
Que s'il estoit au bout de son scrupule,
Il alleguoit les jours malencontreux,
Puis les broüillars, et puis la canicule,
De s'excuser n'estant jamais honteux.
La chose ainsi presque toûjours égale,
Quatre fois l'an, de grace speciale,
Nostre docteur regaloit sa moitié,
Petitement ; enfin c'estoit pitié.
A cela prés, il traitoit bien sa femme.
Les affiquets, les habits à changer,
Joyaux, bijoux, ne manquoient à la dame ;
Mais tout cela n'est que pour amuser
Un peu de temps des esprits de poupée :
Droit au solide alloit Bartholomée.
  Son seul plaisir dans la belle saison,
C'estoit d'aller à certaine maison
Que son mary possedoit sur la coste :
Ils y couchoient tous les huit jours sans faute.
Là quelquefois sur la mer ils montoient,
Et le plaisir de la pesche goustoient,
Sans s'éloigner que bien peu de la rade.
Arrive donc qu'un jour de promenade,
Bartholomée et Messer le Docteur
Prennent chacun une barque à pescheur,
Sortent sur mer ; ils avoient fait gageure
A qui des deux auroit plus de bon-heur,
Et trouveroit la meilleure avanture
Dedans sa pesche, et n'avoient avec eux, [deux.
Dans chaque barque, en tout qu'un homme ou
Certain Corsaire apperceut la chaloupe
De notre épouse, et vint avec sa troupe
Fondre dessus, l'emmena bien et beau ;
Laissa Richard : soit que prés du rivage

Il n'osast pas hazarder davantage ;
Soit qu'il craignist qu'ayant dans son vaisseau
Nostre vieillard, il ne pût de sa proye
Si bien jouir ; car il aimoit la joye
Plus que l'argent, et toûjours avoit fait
Avec honneur son mestier de corsaire ;
Au jeu d'Amour estoit homme d'effet,
Ainsi que sont gens de pareille affaire.
Gens de mer sont toûjours prests à bien faire,
Ce qu'on appelle autrement bons garçons :
On n'en voit point qui les festes allegue.
Or tel estoit celuy dont nous parlons,
Ayant pour nom Pagamin de Monegue.
La belle fit son devoir de pleurer
Un demy jour, tant qu'il se put étendre :
Et Pagamin de la reconforter,
Et nostre épouse à la fin de se rendre.
Il la gagna ; bien sçavoit son mestier.
Amour s'en mit, Amour ce bon apôtre,
Dix mille fois plus corsaire que l'autre,
Vivant de rapt, faisant peu de quartier.
La belle avoit sa rançon toute preste :
Très-bien luy prit d'avoir dequoy payer,
Car là n'estoit ny vigile ny feste.
Elle oublia ce beau Calendrier
Rouge par tout, et sans nul jour ouvrable :
De la ceinture on le luy fit tomber ;
Plus n'en fut fait mention qu'à la table.

 Nostre legiste eust mis son doigt au feu
Que son épouse estoit toûjours fidele,
Entiere et chaste, et que, moyennant Dieu,
Pour de l'argent on luy rendroit la belle.
De Pagamin il prit un sauf-conduit,
L'alla trouver, luy mit la carte blanche.
Pagamin dit : « Si je n'ay pas bon bruit,

C'est à grand tort ; je veux vous rendre franche,
Et sans rançon, vostre chere moitié.
Ne plaise à Dieu que si belle amitié
Soit par mon fait de desastre ainsi pleine.
Celle pour qui vous prenez tant de peine
Vous reviendra selon vostre desir.
Je ne veux point vous vendre ce plaisir.
Faites-moy voir seulement qu'elle est vôtre ;
Car si j'allois vous en rendre quelque autre,
Comme il m'en tombe assez entre les mains,
Ce me seroit une espece de blâme.
Ces jours passez je pris certaine dame
Dont les cheveux sont quelque peu chastains,
Grande de taille, en bon poinct, jeune et fraische.
Si cette belle, après vous avoir veu,
Dit estre à vous, c'est autant de conclu :
Reprenez-la : rien ne vous en empêche. »
Richard reprit : « Vous parlez sagement,
Et me traitez trop genereusement ;
De son mestier il faut que chacun vive.
Mettez un prix à la pauvre captive,
Je le payray contant, sans hesiter.
Le compliment n'est icy necessaire :
Voilà ma bourse, il ne faut que compter.
Ne me traitez que comme on pourroit faire
En pareil cas l'homme le moins connu.
Seroit-il dit que vous m'eussiez vaincu
D'honnesteté ? Non sera, sur mon ame.
Vous le verrez. Car, quant à cette dame,
Ne doutez point qu'elle ne soit à moy.
Je ne veux pas que vous m'ajoûtiez foy,
Mais aux baisers que de la pauvre femme
Je recevray, ne craignant qu'un seul poinct :
C'est qu'à me voir de joye elle ne meure. »
On fait venir l'epouse tout à l'heure,

Qui froidement et ne s'émouvant point
Devant ses yeux voit son mary paroistre,
Sans témoigner seulement le connoistre
Non plus qu'un homme arrivé du Perou.
« Voyez, dit-il, la pauvrette est honteuse
Devant les gens ; et sa joye amoureuse
N'ose éclater : soyez seur qu'à mon cou,
Si j'estois seul, elle seroit sautée. »
Pagamin dit : « Qu'il ne tienne à cela ;
Dedans sa chambre allez, conduisez-la. »
Ce qui fut fait, et la chambre fermée,
Richard commence : « Et là, Bartholomée,
Comme tu fais ! je suis ton Quinzica,
Toûjours le mesme à l'endroit de sa femme.
Regarde-moy. Trouves-tu, ma chere ame,
En mon visage un si grand changement ?
C'est la douleur de ton enlevement
Qui me rend tel, et toy seule en es cause.
T'ay-je jamais refusé nulle chose,
Soit pour ton jeu, soit pour tes vestemens ?
En estoit-il quelqu'une de plus brave ?
De ton vouloir ne me rendois-je esclave ?
Tu le seras estant avec ces gens.
Et ton honneur, que crois-tu qu'il devienne ?
— Ce qu'il pourra, répondit brusquement
Bartholomée. Est-il temps maintenant
D'en avoir soin ? s'en est-on mis en peine
Quand malgré moy l'on m'a jointe avec vous ?
Vous vieux penard, moy fille jeune et drue,
Qui méritois d'estre un peu mieux pourveue,
Et de gouster ce qu'Hymen a de doux.
Pour cet effet j'estois assez aimable,
Et me trouvois aussi digne, entre nous,
De ces plaisirs, que j'en estois capable.
Or est le cas allé d'autre façon.

J'ay pris mary qui pour toute chanson
N'a jamais eu que ses jours de ferie ;
Mais Pagamin, si-tost qu'il m'eut ravie,
Me sceut donner bien une autre leçon.
J'ay plus appris des choses de la vie
Depuis deux jours, qu'en quatre ans avec vous.
Laissez-moy donc, Monsieur mon cher époux.
Sur mon retour n'insistez davantage.
Calendriers ne sont point en usage
Chez Pagamin : je vous en avertis.
Vous et les miens avez merité pis.
Vous, pour avoir mal mesuré vos forces
En m'épousant ; eux, pour s'estre mépris
En preferant les legeres amorces
De quelque bien à cet autre point-là.
Mais Pagamin pour tous y pourvoira.
Il ne sçait Loy ny Digeste ny Code,
Et cependant trés-bonne est sa methode.
De ce matin luy-mesme il vous dira
Du quart en sus comme la chose en va.
Un tel aveu vous surprend et vous touche :
Mais faire icy de la petite bouche
Ne sert de rien ; l'on n'en croira pas moins,
Et puis qu'enfin nous voicy sans témoins,
Adieu vous dis, vous et vos jours de feste.
Je suis de chair, les habits rien n'y font :
Vous sçavez bien, Monsieur, qu'entre la teste
Et le talon d'autres affaires sont. »
A tant se teut. Richard tombé des nues,
Fut tout heureux de pouvoir s'en aller.
Bartholomée, ayant ses hontes beues,
Ne se fit pas tenir pour demeurer.
Le pauvre epoux en eut tant de tristesse,
Outre les maux qui suivent la vieillesse,
Qu'il en mourut à quelques jours de là ;

Et Pagamin prit à femme sa veuve.
Ce fut bien fait : nul des deux ne tomba
Dans l'accident du pauvre Quinzica,
S'estant choisis l'un et l'autre à l'épreuve.
Belle leçon pour gens à cheveux gris,
Sinon qu'ils soient d'humeur accommodante :
Car, en ce cas, Messieurs les favoris
Font leur ouvrage, et la dame est contente.

IX.—A FEMME AVARE GALANT ESCROC

Nouvelle tirée de Bocace.

Qu'un homme soit plumé par des coquetes,
Ce n'est pour faire au miracle crier.
Gratis est mort ; plus d'Amour sans payer :
En beaux louys se content les fleuretes.
Ce que je dis des coquetes s'entend.
Pour nostre honneur, si me faut-il pourtant
Monstrer qu'on peut, nonobstant leur adresse,
En attraper au moins une entre cent,
Et luy jouer quelque tour de soûplesse.
Je choisiray pour exemple Gulphar.
Le drosle fit un trait de franc soudar ;
Car aux faveurs d'une belle il eut part
Sans débourser, escroquant la chrestienne.
Notez cecy, et qu'il vous en souvienne,
Galants d'épée, encor bien que ce tour
Pour vous styler soit fort peu necessaire ;
Je trouverois maintenant à la Cour
Plus d'un Gulphar si j'en avois affaire.
Celuy-cy donc chez sire Gasparin

Tant frequenta, qu'il devint à la fin
De son épouse amoureux sans mesure.
Elle estoit jeune et belle creature,
Plaisoit beaucoup, fors un poinct qui gastoit
Toute l'affaire, et qui seul rebutoit
Les plus ardens ; c'est qu'elle estoit avare.
Ce n'est pas chose en ce siecle fort rare.
Je l'ay jà dit, rien n'y font les soûpirs.
Celuy-là parle une langue barbare
Qui l'or en main n'explique ses desirs.
Le jeu, la jupe et l'amour des plaisirs
Sont les ressorts que Cupidon employe :
De leur boutique il sort chez les François
Plus de cocus que du cheval de Troye
Il ne sortit de heros autresfois.
Pour revenir à l'humeur de la belle,
Le compagnon ne pût rien tirer d'elle
Qu'il ne parlast. Chascun sçait ce que c'est
Que de parler : le Lecteur, s'il luy plaist,
Me permettra de dire ainsi la chose.
Gulphar donc parle, et si bien qu'il propose
Deux cents écus. La belle l'écouta ;
Et Gasparin à Gulphar les presta,
(Ce fut le bon,) puis aux champs s'en alla,
Ne soupçonnant aucunement sa femme.
Gulphar les donne en presence de gens.
« Voilà, dit-il, deux cents écus contans,
Qu'à vostre epoux vous donnerez, Madame. »
La belle crut qu'il avoit dit cela
Par politique, et pour jouer son rôle.
Le lendemain elle le regala
Tout de son mieux, en femme de parole.
Le drosle en prit, ce jour et les suivans,
Pour son argent, et mesme avec usure :
A bon payeur on fait bonne mesure.

Quand Gasparin fut de retour des champs,
Gulphar luy dit, son epouse presente :
« J'ay vostre argent à Madame rendu,
N'en ayant eu pour une affaire urgente
Aucun besoin, comme je l'avois crû :
Déchargez-en vostre livre, de grace. »
A ce propos, aussi froide que glace,
Nostre galande avoua le receu.
Qu'eust-elle fait ? on eust prouvé la chose.
Son regret fut d'avoir enflé la doze
De ses faveurs ; c'est ce qui la fâchoit :
Voyez un peu la perte que c'estoit !
En la quittant, Gulphar alla tout droit
Conter ce cas, le corner par la ville,
Le publier, le prescher sur les toits.
De l'en blâmer il seroit inutile :
Ainsi vit-on chez nous autres François.

X. — ON NE S'AVISE JAMAIS DE TOUT

Conte tiré des cent Nouvelles Nouvelles.

Certain jaloux, ne dormant que d'un œil,
Interdisoit tout commerce à sa femme ;
Dans le dessein de prévenir la dame,
Il avoit fait un fort ample recueil
De tous les tours que le sexe sçait faire.
Pauvre ignorant ! comme si cette affaire
N'estoit une hydre, à parler franchement !
Il captivoit sa femme cependant,
De ses cheveux vouloit sçavoir le nombre,
La faisoit suivre, à toute heure, en tous lieux,

Par une vieille au corps tout remply d'yeux,
Qui la quittoit aussi peu que son ombre.
Ce fou tenoit son recueil fort entier;
Il le portoit en guise de Psautier,
Croyant par là cocuage hors de game.
Un jour de feste, arrive que la dame,
En revenant de l'église, passa
Prés d'un logis d'où quelqu'un luy jetta
Fort à propos plein un pannier d'ordure.
On s'excusa. La pauvre créature,
Toute vilaine, entra dans le logis.
Il luy falut dépouiller ses habits.
Elle envoya querir une autre jupe,
Dés en entrant, par cette douagna,
Qui hors d'haleine à Monsieur raconta
Tout l'accident. « Foin ! dit-il, celuy-là
N'est dans mon Livre, et je suis pris pour dupe :
Que le recueil au diable soit donné. »
Il disoit bien ; car on n'avoit jetté
Cette immondice, et la dame gasté,
Qu'afin qu'elle eust quelque valable excuse
Pour éloigner son dragon quelque-temps.
Un sien galant, amy de là dedans,
Tout aussi-tost profita de la ruse.
Nous avons beau sur ce sexe avoir l'œil :
Ce n'est coup seur encontre tous esclandres.
Maris jaloux, brûlez vostre Recueil,
Sur ma parole, et faites-en des cendres.

XI. — LE VILLAGEOIS QUI CHERCHE SON VEAU

Conte tiré des cent Nouvelles Nouvelles.

Un villageois ayant perdu son veau,
L'alla chercher dans la forest prochaine.
Il se plaça sur l'arbre le plus beau,
Pour mieux entendre, et pour voir dans la plaine.
Vient une dame avec un jouvenceau.
Le lieu leur plaist, l'eau leur vient à la bouche,
Et le galant, qui sur l'herbe la couche,
Crie, en voyant je ne sçay quels appas :
« O Dieux, que vois-je, et que ne vois-je pas ! »
Sans dire quoy, car c'estoient lettres closes.
Lors le manant, les arrestant tout coy :
« Homme de bien, qui voyez tant de choses,
Voyez-vous point mon veau ? dites-le moy. »

XII. — L'ANNEAU D'HANS CARVEL.

Conte tiré de R.

Hans Carvel prit sur ses vieux ans
Femme jeune en toute maniere ;
Il prit aussi soucis cuisans,
Car l'un sans l'autre ne va guere.
Babeau (c'est la jeune femelle,

Fille du Bailly Concordat)
Fut du bon poil, ardente et belle,
Et propre à l'amoureux combat.
Carvel, craignant de sa nature
Le cocuage et les railleurs,
Alleguoit à la creature
Et la legende et l'Ecriture,
Et tous les livres les meilleurs ;
Blâmoit les visites secretes ;
Frondoit l'attirail des coquetes,
Et contre un monde de recettes
Et de moyens de plaire aux yeux
Invectivoit tout de son mieux.
A tous ces discours la galande
Ne s'arrestoit aucunement,
Et de sermons n'estoit friande
A moins qu'ils fussent d'un amant.
Cela faisoit que le bon sire
Ne sçavoit tantost plus qu'y dire ;
Eust voulu souvent estre mort.
Il eut pourtant dans son martyre
Quelques momens de reconfort :
L'histoire en est trés-veritable.
Une nuit qu'ayant tenu table,
Et bû force bon vin nouveau,
Carvel ronfloit prés de Babeau,
Il luy fut avis que le diable
Luy mettoit au doigt un anneau,
Qu'il luy disoit : « Je sçais la peine
Qui te tourmente et qui te gesne,
Carvel; j'ay pitié de ton cas:
Tien cette bague et ne la lâches,
Car tandis qu'au doigt tu l'auras,
Ce que tu crains point ne seras,
Point ne seras sans que le sçaches.

— Trop ne puis vous remercier,
Dit Carvel, la faveur est grande.
Monsieur Satan, Dieu vous le rende.
Grandmercy, Monsieur l'Aumônier. »
Là dessus achevant son somme,
Et les yeux encore aggravez,
Il se trouva que le bon homme
Avoit le doigt où vous sçavez.

XIII. — LE GASCON PUNY

Nouvelle.

Un Gascon, pour s'estre vanté
De posseder certaine belle,
Fut puny de sa vanité
D'une façon assez nouvelle.
Il se vantoit à faux, et ne possedoit rien.
Mais quoy ! tout médisant est prophete en ce monde :
On croit le mal d'abord ; mais à l'égard du bien,
Il faut qu'un public en réponde.
La dame cependant du Gascon se moquoit :
Même au logis pour luy rarement elle estoit,
Et bien souvent qu'il la traitoit
D'incomparable et de divine,
La belle aussi-tost s'enfuyoit,
S'allant sauver chez sa voisine.
Elle avoit nom Philis, son voisin Eurilas,
La voisine Cloris, le Gascon Dorilas,
Un sien amy Damon : c'est tout, si j'ay memoire.
Ce Damon, de Cloris, à ce que dit l'histoire,
Estoit amant aymé, galant, comme on voudra,

Quelque chose de plus encor que tout cela.
Pour Philis, son humeur libre, gaye et sincere
    Monstroit qu'elle estoit sans affaire,
    Sans secret et sans passion.
On ignoroit le prix de sa possession :
Seulement à l'user chacun la croyoit bonne.
Elle approchoit vingt ans, et venoit d'enterrer
Un mary (de ceux-là que l'on perd sans pleurer,
Vieux barbon qui laissoit d'écus plein une tonne).
    En mille endroits de sa personne
La belle avoit dequoy mettre un Gascon aux cieux,
    Des attraits par-dessus les yeux,
    Je ne sçay quel air de pucelle,
    Mais le cœur tant soit peu rebelle ;
Rebelle toutesfois de la bonne façon.
    Voilà Philis. Quant au Gascon,
    Il estoit Gascon, c'est tout dire.
    Je laisse à penser si le sire
Importuna la veuve, et s'il fit des sermens.
    Ceux des Gascons et des Normans
    Passent peu pour mots d'Evangile.
    C'estoit pourtant chose facile
De croire Dorilas de Philis amoureux ;
Mais il vouloit aussi que l'on le crust heureux.
Philis, dissimulant, dit un jour à cet homme :
    « Je veux un service de vous :
    Ce n'est pas d'aller jusqu'à Rome ;
C'est que vous nous aydiez à tromper un jaloux.
La chose est sans peril, et mesme fort aisée.
    Nous voulons que cette nuit-cy
    Vous couchiez avec le mary
    De Cloris, qui m'en a priée.
    Avec Damon s'estant brouillée,
Il leur faut une nuit entiere, et par delà,
Pour démêler entre-eux tout ce differend-là.

Nostre but est qu'Eurilas pense,
Vous sentant prés de luy, que ce soit sa moitié.
Il ne luy touche point, vit dedans l'abstinence,
Et soit par jalousie, ou bien par impuissance,
A retranché d'Hymen certains droits d'amitié ;
   Ronfle toûjours, fait la nuit d'une traite :
C'est assez qu'en son lit il trouve une cornette.
Nous vous ajusterons : enfin, ne craignez rien ;
  Je vous recompenseray bien. »
Pour se rendre Philis un peu plus favorable,
Le Gascon eust couché, dit-il, avec le diable.
La nuit vient, on le coëfe, on le met au grand lit,
On esteint les flambeaux, Eurilas prend sa place ;
   Du Gascon la peur se saisit :
  Il devient aussi froid que glace,
  N'oseroit tousser ny cracher,
  Beaucoup moins encor s'approcher,
Se fait petit, se serre, au bord se va nicher,
Et ne tient que moitié de la rive occupée :
Je crois qu'on l'auroit mis dans un fourreau d'épée.
Son coucheur cette nuit se retourna cent fois,
Et jusques sur le nez luy porta certains doigts
  Que la peur luy fit trouver rudes.
  Le pis de ses inquietudes,
C'est qu'il craignoit qu'enfin un caprice amoureux
Ne prist à ce mary : tels cas sont dangereux
Lors que l'un des conjoints se sent privé du somme.
Toûjours nouveaux sujets alarmoient le pauvre hom-
L'on étendoit un pied, l'on approchoit un bras ; [me :
Il crût mesme sentir la barbe d'Eurilas.
Mais voicy quelque chose à mon sens de terrible :
Une sonnette estoit prés du chevet du lit :
Eurilas de sonner, et faire un bruit horrible.
  Le Gascon se pâme à ce bruit,
  Cette fois-là se croit détruit,

        Fait un vœu, renonce à sa dame,
        Et songe au salut de son ame.
Personne ne venant, Eurilas s'endormit.
        Avant qu'il fust jour on ouvrit ;
Philis l'avoit promis ; quand voicy de plus belle
        Un flambeau, comble de tous maux.
        Le Gascon, aprés ces travaux,
        Se fust bien levé sans chandelle.
Sa perte étoit alors un poinct tout asseuré.
On approche du lit. Le pauvre homme éclairé
        Prie Eurilas qu'il luy pardonne.
        « Je le veux », dit une personne
        D'un ton de voix remply d'appas.
        C'estoit Philis, qui d'Eurilas
Avoit tenu la place, et qui sans trop attendre
        Tout en chemise s'alla rendre
Dans les bras de Cloris qu'accompagnoit Damon.
C'estoit, dis-je, Philis, qui conta du Gascon
        La peine et la frayeur extrême,
Et qui, pour l'obliger à se tuer soy-mesme
    En luy monstrant ce qu'il avoit perdu,
        Laissoit son sein à demy nu.

XIV. — LA FIANCÉE DU ROY DE GARBE

Nouvelle.

IL n'est rien qu'on ne conte en diverses façons :
On abuse du vray comme on fait de la feinte :
Je le souffre aux recits qui passent pour chansons ;
Chacun y met du sien sans scrupule et sans crainte.

Mais aux évenemens de qui la verité
   Importe à la posterité,
   Tels abus meritent censure.
Le fait d'Alaciel est d'une autre nature.
Je me suis écarté de mon original.
On en pourra gloser ; on pourra me mécroire :
   Tout cela n'est pas un grand mal :
   Alaciel et sa mémoire
Ne sçauroient guere perdre à tout ce changement.
J'ay suivy mon Auteur en deux poincts seulement,
   Poincts qui font veritablement
   Le plus important de l'histoire :
L'un est que par huit mains Alaciel passa
   Avant que d'entrer dans la bonne :
L'autre que son fiancé ne s'en embarrassa,
   Ayant peut-estre en sa personne
   Dequoy negliger ce poinct là.
   Quoy qu'il en soit, la belle en ses traverses,
   Accidens, fortunes diverses,
Eut beaucoup à souffrir, beaucoup à travailler ;
   Changea huit fois de chevalier.
   Il ne faut pas pour cela qu'on l'accuse :
Ce n'estoit, aprés tout, que bonne intention,
   Gratitude, ou compassion,
   Crainte de pis, honneste excuse.
Elle n'en plut pas moins aux yeux de son fiancé.
Veuve de huit galants, il la prit pour pucelle,
   Et dans son erreur par la belle
   Apparemment il fut laissé.
Qu'on y puisse estre pris, la chose est toute claire,
   Mais aprés huit, c'est une estrange affaire :
   Je me rapporte de cela
   A quiconque a passé par là.

   Zaïr, Soudan d'Alexandrie,

Ayma sa fille Alaciel
Un peu plus que sa propre vie :
Aussi ce qu'on se peut figurer sous le ciel
De bon, de beau, de charmant et d'aymable,
D'accommodant, j'y mets encor ce poinct,
La rendoit d'autant estimable ;
En cela je n'augmente point.

Au bruit qui couroit d'elle en toutes ces provinces,
Mamolin, Roy de Garbe, en devint amoureux.
Il la fit demander, et fut asssez heureux
Pour l'emporter sur d'autres Princes.
La belle aymoit déjà, mais on n'en sçavoit rien :
Filles de sang royal ne se declarent guere ;
Tout se passe en leur cœur ; cela les fasche bien,
Car elles sont de chair ainsi que les bergeres.
Hispal, jeune seigneur de la cour du Soudan,
Bien fait, plein de merite, honneur de l'Alcoran,
Plaisoit fort à la dame, et d'un commun martyre
Tous deux brûloient sans oser se le dire ;
Ou s'ils se le disoient, ce n'estoit que des yeux.
Comme ils en estoient là, l'on accorda la belle.
Il falut se resoudre à partir de ces lieux.
Zaïr fit embarquer son amant avec elle.
S'en fier à quelque-autre eust peut-estre esté mieux.

Aprés huit jours de traite, un vaisseau de corsaires,
Ayant pris le dessus du vent,
Les attaqua ; le combat fut sanglant ;
Chacun des deux partis y fit mal ses affaires.
Les assaillants, faits aux combats de mer,
Estoient les plus experts en l'art de massacrer ;
Joignoient l'adresse au nombre : Hispal par sa vail-
Tenoit les choses en balance.   [lance
Vingt corsaires pourtant monterent sur son bord.

Grifonio le gigantesque
Conduisoit l'horreur et la mort
Avecque cette soldatesque.
Hispal en un moment se vit environné :
Maint corsaire sentit son bras determiné :
De ses yeux il sortoit des éclairs et des flâmes.
Cependant qu'il estoit au combat acharné,
Grifonio courut à la chambre des femmes.
Il sçavoit que l'Infante estoit dans ce vaisseau,
Et l'ayant destinée à ses plaisirs infames,
Il l'emportoit comme un moineau ;
Mais la charge pour luy n'estant pas suffisante,
Il prit aussi la cassette aux bijoux,
Aux diamans, aux témoignages doux
Que reçoit et garde une amante :
Car quelqu'un m'a dit, entre nous,
Qu'Hispal en ce voyage avoit fait à l'Infante
Un aveu dont d'abord elle parut contente,
Faute d'avoir le temps de s'en mettre en courroux.
Le mal-heureux corsaire, emportant cette proye,
N'en eut pas long-temps de la joye.
Un des vaisseaux, quoyqu'il fust accroché,
S'estant quelque peu détaché,
Comme Grifonio passoit d'un bord à l'autre,
Un pied sur son Navire, un sur celuy d'Hispal,
Le Heros d'un revers coupe en deux l'animal :
Part du tronc tombe en l'eau, disant sa patenostre,
Et reniant Mahom, Jupin et Tarvagant,
Avec maint autre Dieu non moins extravagant;
Part demeure sur pieds, en la mesme posture.
On auroit ry de l'avanture
Si la belle avec luy n'eust tombé dedans l'eau.
Hispal se jette aprés : l'un et l'autre vaisseau,
Mal-mené du combat et privé de pilote,
Au gré d'Eole et de Neptune flote.

La mort fit lascher prise au geant pourfendu.
L'Infante, par sa robbe en tombant soûtenue,
　　Fut bien-tost d'Hispal secourue.
Nâger vers les vaisseaux eust esté temps perdu ;
　　Ils estoient presque à demy mile :
　　Ce qu'il jugea de plus facile,
　　Fut de gagner certains rochers,
Qui d'ordinaire estoient la perte des nochers,
Et furent le salut d'Hispal et de l'Infante.
Aucuns ont asseuré comme chose constante,
Que mesme du peril la cassette échapa ;
　　Qu'à des cordons estant pendue,
　　La belle aprés soy la tira ;
　　Autrement elle estoit perdue.

Nostre nâgeur avoit l'Infante sur son dos.
Le premier roc gagné, non pas sans quelque peine,
La crainte de la faim suivit celle des flots ;
Nul vaisseau ne parut sur la liquide plaine.
　　Le jour s'acheve ; il se passe une nuit ;
Point de vaisseau prés d'eux par le hazard conduit ;
　　Point dequoy manger sur ces roches :
　　Voilà nostre couple reduit
A sentir de la faim les premieres approches ;
Tous deux privez d'espoir, d'autant plus malheureux,
　　Qu'aymez aussi bien qu'amoureux,
Ils perdoient doublement en leur mesaventure.
Aprés s'estre long-temps regardez sans parler :
« Hispal, dit la Princesse, il se faut consoler ;
Les pleurs ne peuvent rien prés de la Parque dure.
Nous n'en mourrons pas moins ; mais il dépend de
　　D'adoucir l'aigreur de ses coups ; 　　　[nous
C'est tout ce qui nous reste en ce mal-heur extrême.
— Se consoler! dit-il, le peut-on quand on aime ?
Ah ! si... mais non, Madame, il n'est pas à propos

Que vous aymiez ; vous seriez trop à plaindre.
Je brave, à mon égard, et la faim et les flots ; [dre.»
Mais jettant l'œil sur vous, je trouve tout à crain-
La Princesse à ces mots ne se pût plus contraindre.
 Pleurs de couler, soûpirs d'estre poussez,
  Regards d'estre au ciel adressez,
 Et puis sanglots, et puis soûpirs encore :
En ce mesme langage Hispal luy repartit :
  Tant qu'enfin un baiser suivit ;
S'il fut pris ou donné, c'est ce que l'on ignore.

  Aprés force vœux impuissans,
 Le heros dit : « Puisqu'en cette avanture
  Mourir nous est chose si seure,
Qu'importe que nos corps des oyseaux ravissans
Ou des monstres marins deviennent la pâture ?
  Sepulture pour sepulture,
  La mer est égale, à mon sens.
Qu'attendons-nous icy qu'une fin languissante ?
  Seroit il point plus à propos
  De nous abandonner aux flots ?
J'ay de la force encor, la coste est peu distante,
 Le vent y pousse ; essayons d'approcher ;
  Passons de rocher en rocher :
 J'en vois beaucoup où je puis prendre haleine. »
Alaciel s'y resolut sans peine.
Les revoila sur l'onde ainsi qu'auparavant,
  La cassette en lesse suivant,
  Et le nâgeur, poussé du vent,
  De roc en roc portant la belle,
  Façon de naviger nouvelle.
Avec l'ayde du Ciel et de ces reposoirs,
Et du Dieu qui preside aux liquides manoirs,
Hispal, n'en pouvant plus de faim, de lassitude,
  De travail et d'inquietude.

(Non pour luy, mais pour ses amours),
Aprés avoir jeûné deux jours,
Prit terre à la dixiéme traite,
Luy, la Princesse, et la cassette.

Pourquoy, me dira-t-on, nous ramener toûjours
 Cette cassette ? est-ce une circonstance
 Qui soit de si grande importance ?
Ouy, selon mon avis ; on va voir si j'ay tort.
 Je ne prens point icy l'essor,
 Ny n'affecte de railleries.
 Si j'avois mis nos gens à bord
 Sans argent et sans pierreries,
 Seroient-ils pas demeurez court ?
 On ne vit ny d'air ny d'amour.
 Les amans ont beau dire et faire,
Il en faut revenir toûjours au necessaire.
La cassette y pourveut avec maint diamant.
Hispal vendit les uns, mit les autres en gages ;
Fit achat d'un chasteau le long de ces rivages ;
Ce chasteau, dit l'histoire, avoit un parc fort grand,
 Ce parc un bois, ce bois de beaux ombrages,
 Sous ces ombrages nos amans
 Passoient d'agreables momens.
Voyez combien voila de choses enchaînées,
 Et par la cassette amenées.

Or au fond de ce bois un certain antre estoit,
 Sourd et muet, et d'amoureuse affaire,
 Sombre sur tout ; la nature sembloit
 L'avoir mis là non pour autre mystere.
 Nos deux amans se promenant un jour,
 Il arriva que ce fripon d'amour
 Guida leurs pas vers ce lieu solitaire.
Chemin faisant Hispal expliquoit ses desirs,

Moitié par ses discours, moitié par ses soûpirs,
    Plein d'une ardeur impatiente ;
La Princesse écoutoit incertaine et tremblante.

« Nous voicy, disoit-il, en un bord étranger,
    Ignorez du reste des hommes ;
  Profitons-en ; nous n'avons à songer   [mes.
Qu'aux douceurs de l'amour, en l'estat où nous som-
    Qui vous retient ? on ne sçait seulement
    Si nous vivons ; peut-estre en ce moment
Tout le monde nous croit au corps d'une baleine.
    Ou favorisez vostre amant,
    Ou qu'à vostre époux il vous meine. [heureux
Mais pourquoy vous mener ? vous pouvez rendre
Celuy dont vous avez éprouvé la constance.
    Qu'attendez-vous pour soulager ses feux ?
    N'est-il point assez amoureux,
Et n'avez-vous point fait assez de resistance ? »

    Hispal haranguoit de façon
    Qu'il auroit échauffé des marbres,
Tandis qu'Alaciel à l'ayde d'un poinçon,
  Faisoit semblant d'écrire sur les arbres.
    Mais l'amour la faisoit resver
    A d'autres choses qu'à graver
    Des caracteres sur l'écorce.
Son amant et le lieu l'asseuroient du secret :
    C'estoit une puissante amorce.
    Elle resistoit à regret :
Le Printemps par mal-heur estoit lors en sa force.
    Jeunes cœurs sont bien empêchez
    A tenir leurs desirs cachez,
    Estant pris par tant de manieres.
Combien en voyons-nous se laisser pas à pas
    Ravir jusqu'aux faveurs dernieres,

Qui dans l'abord ne croyoient pas
Pouvoir accorder les premieres?
Amour, sans qu'on y pense, amene ces instans :
Mainte fille a perdu ses gans,
Et femme au partir s'est trouvée,
Qui ne sçait la plus part du temps
Comme la chose est arrivée.

Prés de l'antre venus, nostre amant proposa
D'entrer dedans ; la belle s'excusa,
Mais malgré soy déjà presque vaincue.
Les services d'Hispal en ce mesme moment
Luy reviennent devant la veue.
Ses jours sauvez des flots, son honneur d'un geant :
Que luy demandoit son amant?
Un bien dont elle estoit à sa valeur tenue.
« Il vaut mieux, disoit-il, vous en faire un amy,
Que d'attendre qu'un homme à la mine hagarde
Vous le vienne enlever ; Madame, songez-y ;
L'on ne sçait pour qui l'on le garde. »
L'Infante à ces raisons se rendant à demi,
Une pluye acheva l'affaire :
Il falut se mettre à l'abri :
Je laisse à penser où. Le reste du mystere
Au fond de l'antre est demeuré.
Que l'on là blasme ou non, je sçais plus d'une belle
A qui ce fait est arrivé
Sans en avoir moitié d'autant d'excuses qu'elle.
L'antre ne les vit seul de ces douceurs jouir :
Rien ne couste en amour que la premiere peine.
Si les arbres parloient, il feroit bel ouir
Ceux de ce bois ; car la forest n'est pleine
Que des monumens amoureux
Qu'Hispal nous a laissez, glorieux de sa proye.
On y verroit écrit : *Icy pasma de joye*

Des mortels le plus heureux :
Là mourut un amant sur le sein de sa dame,
   En cet endroit, mille baisers de flâme
   Furent donnez, et mille autres rendus.
Le parc diroit beaucoup, le chasteau beaucoup plus,
   Si chasteaux avoient une langue.
La chose en vint au poinct que, las de tant d'amour,
Nos amans à la fin regretterent la cour.
La belle s'en ouvrit, et voicy sa harangue :

« Vous m'estes cher, Hispal ; j'aurois du déplaisir
Si vous ne pensiez pas que toûjours je vous ayme.
Mais qu'est-ce qu'un amour sans crainte et sans desir?
   Je vous le demande à vous-mesme.
   Ce sont des feux bien-tost passez,
Que ceux qui ne sont point dans leur cours traversez :
   Il y faut un peu de contrainte.
Je crains fort qu'à la fin ce sejour si charmant
Ne nous soit un desert, et puis un monument ;
   Hispal, ostez-moy cette crainte.
   Allez vous en voir promptement,
Ce qu'on croira de moy dedans Alexandrie
   Quand on sçaura que nous sommes en vie.
   Déguisez bien nostre sejour :
Dites que vous venez preparer mon retour,
Et faire qu'on m'envoye une escorte si seure,
   Qu'il n'arrive plus d'avanture.
   Croyez-moy, vous n'y perdrez rien :
   Trouvez seulement le moyen,
   De me suivre en ma destinée
   Ou de fillage, ou d'Hymenée,
   Et tenez pour chose asseurée
   Que si je ne vous fais du bien,
   Je seray de prés éclairée. »

Que ce fust ou non son dessein,
Pour se servir d'Hispal, il faloit tout promettre.
Dès qu'il trouve à propos de se mettre en chemin,
L'Infante pour Zaïr le charge d'une lettre.
Il s'embarque, il fait voile, il vogue, il a bon vent ;
Il arrive à la Cour, où chacun luy demande
  S'il est mort, s'il est vivant,
  Tant la surprise fut grande ;
En quels lieux est l'Infante, enfin ce qu'elle fait.
  Dés qu'il eut à tout satisfait,
 On fit partir une escorte puissante.
Hispal fut retenu ; non qu'on eust en effet
  Le moindre soupçon de l'Infante.
Le chef de cette escorte estoit jeune et bien fait.
Abordé prés du parc, avant tout il partage
 Sa troupe en deux, laisse l'une au rivage,
  Va droit avec l'autre au chasteau.
La beauté de l'Infante estoit beaucoup accreue :
Il en devint épris à la premiere veue,
Mais tellement épris, qu'attendant qu'il fist beau,
Pour ne point perdre temps, il luy dit sa pensée.
  Elle s'en tint fort offensée,
  Et l'avertit de son devoir.
Témoigner en tel cas un peu de desespoir
 Est quelquefois une bonne recepte.
C'est ce que fait notre homme ; il forme le dessein
  De se laisser mourir de faim ;
Car de se poignarder, la chose est trop tost faite :
  On n'a pas le temps d'en venir
   Au repentir.
D'abord Alaciel rioit de sa sottise.
Un jour se passe entier, luy sans cesse jeusnant,
  Elle toûjours le détournant
  D'une si terrible entreprise.
Le second jour commence à la toucher.

Elle resve à cette avanture.
Laisser mourir un homme et pouvoir l'empêcher,
C'est avoir l'ame un peu trop dure.
Par pitié donc elle condescendit
Aux volontez du capitaine,
Et cet office luy rendit
Gayment, de bonne grace, et sans monstrer de peine;
Autrement le remede eust esté sans effet.
Tandis que le galant se trouve satisfait,
Et remet les autres affaires,
Disant tantost que les vents sont contraires;
Tantost qu'il faut radouber ses galeres
Pour estre en estat de partir;
Tantost qu'on vient de l'avertir
Qu'il est attendu des corsaires,
Un corsaire en effet arrive, et surprenant
Ses gens demeurez à la rade,
Les tue, et va donner au chasteau l'escalade :
Du fier Grifonio c'estoit le lieutenant.

Il prend le chasteau d'emblée.
Voilà la feste troublée.
Le jeusneur maudit son sort.
Le corsaire apprend d'abord
L'avanture de la belle,
Et la tirant à l'écart,
Il en veut avoir sa part.
Elle fit fort la rebelle.
Il ne s'en étonna pas,
N'estant novice en tels cas.
« Le mieux que vous puissiez faire,
Luy dit tout franc ce corsaire,
C'est de m'avoir pour ami ;
Je suis corsaire et demy.
Vous avez fait jeusner un pauvre miserable

Qui se mouroit pour vous d'amour ;
Vous jeusnerez à votre tour,
Ou vous me serez favorable.
La justice le veut : nous autres gens de mer
Sçavons rendre à chacun selon ce qu'il merite ;
Attendez-vous de n'avoir à manger
Que quand de ce costé vous aurez esté quitte.
Ne marchandez point tant, Madame, et croyez-moy.»
Qu'eust fait Alaciel ? Force n'a point de loy.
S'accommoder à tout est chose necessaire.
Ce qu'on ne voudroit pas souvent il le faut faire,
Quand il plaist au destin que l'on en vienne là.
Augmenter sa souffrance est une erreur extrême.
Si par pitié d'autruy la belle se força,
Que ne point essayer par pitié de soy-même ?
Elle se force donc, et prend en gré le tout :
Il n'est affliction dont on ne vienne à bout.
　　Si le corsaire eust esté sage,
Il eût mené l'infante en un autre rivage.
　　Sage en amour ? Hélas ! il n'en est point.
Tandis que celuy-cy croit avoir tout à poinct,
　　Vent pour partir, lieu propre pour attendre,
Fortune, qui ne dort que lors que nous veillons,
　　Et veille quand nous sommeillons,
　　Luy trame en secret cet esclandre.

Le seigneur d'un chasteau voisin de celuy-cy,
　　Homme fort amy de la joye,
　　Sans nulle attache, et sans soucy
Que de chercher toûjours quelque nouvelle proye,
　　Ayant eu le vent des beautez,
　　Perfections, commoditez,
　　Qu'en sa voisine on disoit estre,
Ne songeoit nuit et jour qu'à s'en rendre le maistre.
Il avoit des amis, de l'argent, du credit,

Pouvoit assembler deux mille hommes;
Il les assemble donc un beau jour, et leur dit :
 « Souffrirons-nous, braves gens que nous sommes,
Qu'un pirate à nos yeux se gorge de butin ?
Qu'il traite comme esclave une beauté divine ?
            Allons tirer notre voisine
            D'entre les griffes du mastin.
        Que ce soir chacun soit en armes,
    Mais doucement et sans donner d'alarmes :
            Sous les auspices de la nuit,
        Nous pourrons nous rendre sans bruit
Au pied de ce chasteau, dés la petite pointe
                Du jour;
        La surprise à l'ombre estant jointe
Nous rendra sans hazard maistres de ce sejour.
Pour ma part du butin je ne veux que la Dame;
Non pas pour en user ainsi que ce voleur :
        Je me sens un desir en l'ame
De luy restituer ses biens et son honneur.
Tout le reste est à vous, hommes, chevaux, bagage,
Vivres, munitions, enfin tout l'équipage
    Dont ces brigands ont emply la maison.
        Je vous demande encor un don: [saire.»
C'est qu'on pende aux creneaux haut et court le cor-

            Cette harangue militaire
            Leur sceut tant d'ardeur inspirer,
        Qu'il en falut une autre afin de moderer
            Le trop grand desir de bien faire.
        Chacun repaist le soir étant venu :
            L'on mange peu, l'on boit en recompense :
                Quelques tonneaux sont mis sur cu.
            Pour avoir fait cette dépense,
                Il s'est gagné plusieurs combats,
                Tant en Allemagne qu'en France.

Ce seigneur donc n'y manqua pas,
Et ce fut un trait de prudence.
Mainte échelle est portée, et point d'autre embarras.
Point de tambours, force bon coutelas.
On part sans bruit, on arrive en silence.
L'Orient venoit de s'ouvrir.
C'est un temps où le somme est dans sa violence,
Et qui par sa fraischeur nous contraint de dormir.
Presque tout le peuple corsaire,
Du sommeil à la mort n'ayant qu'un pas à faire,
Fut assommé sans le sentir.

Le chef pendu, l'on ameine l'Infante.
Son peu d'amour pour le voleur,
Sa surprise et son épouvante,
Et les civilitez de son liberateur,
Ne luy permirent pas de répandre des larmes.
Sa priere sauva la vie à quelques gens.
Elle plaignit les morts, consola les mourans,
Puis quitta sans regret ces lieux remplis d'alarmes.
On dit mesme qu'en peu de temps
Elle perdit la memoire
De ses deux derniers galants ;
Je n'ay pas peine à le croire.

Son voisin la receut en un appartement
Tout brillant d'or et meublé richement.
On peut s'imaginer l'ordre qu'il y fit mettre.
Nouvel hoste et nouvel amant,
Ce n'estoit pas pour rien obmettre.
Grande chere sur tout, et des vins fort exquis.
Les Dieux ne sont pas mieux servis.
Alaciel qui de sa vie,
Selon sa loy, n'avoit bû vin,
Gousta ce soir par compagnie

De ce breuvage si divin.
Elle ignoroit l'effet d'une liqueur si douce,
  Insensiblement fit carrousse :
Et comme amour jadis luy troubla la raison,
  Ce fut lors un autre poison.
  Tous deux sont à craindre des dames.
  Alaciel mise au lit par ses femmes,
Ce bon seigneur s'en fut la trouver tout d'un pas.
« Quoy trouver ? dira-t on ; d'immobiles appas ? »
Si j'en trouvois autant je sçaurois bien qu'en faire,
  Disoit l'autre jour un certain :
  Qu'il me vienne une mesme affaire,
On verra si j'auray recours à mon voisin.
Bacchus donc et Morphée et l'hoste de la belle
  Cette nuit disposerent d'elle.
Les charmes des premiers dissipez à la fin,
  La Princesse, au sortir du somme,
  Se trouva dans les bras d'un homme.
  La frayeur luy glaça la voix :
Elle ne pût crier, et de crainte saisie,
Permit tout à son hoste, et pour une autre fois
  Luy laissa lier la partie.
« Une nuit, luy dit-il, est de mesme que cent ;
Ce n'est que la premiere à quoy l'on trouve à dire. »
Alaciel le crût. L'hoste enfin se lassant,
  Pour d'autres conquestes soûpire.

  Il part un soir, prie un de ses amis
De faire cette nuit les honneurs du logis,
  Prendre sa place, aller trouver la belle,
Pendant l'obscurité se coucher auprés d'elle,
  Ne point parler ; qu'il estoit fort aisé ;
Et qu'en s'acquitant bien de l'employ proposé,
L'Infante asseurément agréroit son service.
L'autre bien volontiers luy rendit cet office :

Le moyen qu'un ami puisse estre refusé ?
A ce nouveau venu la voilà donc en proye.
Il ne pût sans parler contenir cette joye.
La belle se plaignit d'estre ainsi leur jouet :
 « Comment l'entend Monsieur mon hoste ?
Dit-elle, et de quel droit me donner comme il fait?»
 L'autre confessa qu'en effet
 Ils avoient tort ; mais que toute la faute
 Estoit au maistre du logis.
 « Pour vous venger de son mépris,
 Poursuivit-il, comblez-moi de caresses.
 Encherissez sur les tendresses
Que vous eustes pour luy tant qu'il fut vostre amant :
Aimez-moy par dépit et par ressentiment,
 Si vous ne pouvez autrement. »
Son conseil fut suivy, l'on poussa les affaires,
 L'on se vengea, l'on n'obmit rien.
 Que si l'amy s'en trouva bien,
 L'hoste ne s'en tourmenta gueres.

 Et de cinq, si j'ay bien compté.
Le sixième incident des travaux de l'Infante
 Par quelques-uns est rapporté
 D'une maniere differente.
 Force gens concluront de là
Que d'un galant au moins je fais grace à la belle.
 C'est médisance que cela :
 Je ne voudrois mentir pour elle.
 Son époux n'eut asseurément
 Que huit précurseurs seulement.
 Poursuivons donc nostre nouvelle.
 L'hoste revint quand l'ami fut content.
 Alaciel, luy pardonnant,
 Fit entr'eux les choses égales :
La clemence sied bien aux personnes royales.

L. F., Contes. 9

Ainsi de main en main Alaciel passoit,
    Et souvent se divertissoit
    Aux menus ouvrages des filles
Qui la servoient, toutes assez gentilles.
Elle en aymoit fort une à qui l'on en contoit ;
Et le conteur estoit un certain Gentil-homme
    De ce logis, bien fait et galant homme,
      Mais violent dans ses desirs,
      Et grand ménager de soûpirs,
Jusques à commencer prés de la plus severe
    Par où l'on finit d'ordinaire.
Un jour au bout du parc le galant rencontra
      Cette fillette,
Et dans un pavillon fit tant qu'il l'attira
      Toute seulette.
    L'Infante estoit fort prés de là :
Mais il ne la vit point, et crût en asseurance
    Pouvoir user de violence.
Sa médisante humeur, grand obstacle aux faveurs,
    Peste d'amour et des douceurs
    Dont il tire sa subsistance,
Avoit de ce galant souvent greslé l'espoir.
La crainte luy nuisoit autant que le devoir.
Cette fille l'auroit, selon toute apparence,
    Favorisé,
     Si la belle eust osé.
    Se voyant craint de cette sorte,
    Il fit tant qu'en ce pavillon
    Elle entra par occasion ;
    Puis le galant ferme la porte :
Mais en vain, car l'Infante avoit dequoy l'ouvrir.
La fille voit sa faute, et tâche de sortir.
    Il la retient : elle crie, elle appelle :
    L'Infante vient, et vient comme il faloit,
    Quand sur ses fins la demoiselle estoit.

Le galant, indigné de la manquer si belle,
Perd tout respect et jure par les Dieux
Qu'avant que sortir de ces lieux
L'une ou l'autre payra sa peine,
Quand il devroit leur attacher les mains.
« Si loin de tous secours humains,
Dit-il, la resistance est vaine.
Tirez au sort sans marchander;
Je ne sçaurois vous accorder
Que cette grace;
Il faut que l'une ou l'autre passe
Pour aujourd'huy.
— Qu'a fait Madame? dit la belle;
Pâtira-t-elle pour autruy?
— Ouy, si le sort tombe sur elle,
Dit le Galant, prenez-vous-en à luy.
— Non, non, reprit alors l'Infante,
Il ne sera pas dit que l'on ait, moy presente,
Violenté cette innocente.
Je me resous plustost à toute extremité. »
Ce combat plein de charité
Fut par le sort à la fin terminé.
L'Infante en eut toute la gloire :
Il luy donna sa voix, à ce que dit l'histoire.
L'autre sortit, et l'on jura
De ne rien dire de cela.
Mais le galant se seroit laissé pendre
Plûtost que de cacher un secret si plaisant;
Et pour le divulguer il ne voulut attendre
Que le temps qu'il faloit pour trouver seulement
Quelqu'un qui le voulust entendre,

Ce changement de favoris
Devint à l'Infante une peine;
Elle eut regret d'estre l'Helene

D'un si grand nombre de Paris.
Aussi l'Amour se jouoit d'elle.
Un jour, entre-autres, que la belle
Dans un bois dormoit à l'écart,
Il s'y rencontra par hazard
Un chevalier errant, grand chercheur d'avantures,
De ces sortes de gens que sur des palefrois
    Les belles suivoient autresfois
    Et passoient pour chastes et pures.
Celuy-cy, qui donnoit à ses desirs l'essor
Comme faisoient jadis Rogel et Galaor,
    N'eust veu la Princesse endormie,
Que de prendre un baiser il forma le dessein :
Tout prest à faire choix de la bouche ou du sein,
Il estoit sur le poinct d'en passer son envie,
    Quand tout d'un coup il se souvint
    Des loix de la chevalerie.
    A ce penser il se retint,
    Priant toutesfois en son ame
    Toutes les puissances d'amour
    Qu'il pust courir en ce sejour
    Quelque avanture avec la dame.
L'Infante s'éveilla surprise au dernier poinct.
    « Non, non, dit-il, ne craignez point ;
    Je ne suis geant ny sauvage,
Mais chevalier errant, qui rends graces aux Dieux
    D'avoir trouvé dans ce bocage
Ce qu'à peine on pourroit rencontrer dans les cieux.»
Aprés ce compliment, sans plus longue demeure
Il luy dit en deux mots l'ardeur qui l'embrasoit,
    C'estoit un homme qui faisoit
    Beaucoup de chemin en peu d'heure.
Le refrein fut d'offrir sa personne et son bras,
    Et tout ce qu'en semblables cas
    On a de coustume de dire

A celles pour qui l'on soûpire.
Son offre fut receuë, et la belle luy fit
Un long roman de son histoire,
Supprimant, comme l'on peut croire,
Les six galants. L'avanturier en prit
Ce qu'il crût à propos d'en prendre ;
Et comme Alaciel de son sort se plaignit,
Cet inconnu s'engagea de la rendre
Chez Zaïr ou dans Garbe, avant qu'il fust un mois.
« Dans Garbe ? non, reprit-elle, et pour cause :
Si les Dieux avoient mis la chose
Jusques à present à mon choix,
J'aurois voulu revoir Zaïr et ma patrie.
—Pourvu qu'Amour me preste vie,
Vous les verrez, dit-il. C'est seulement à vous
D'apporter remede à vos coups,
Et consentir que mon amour s'appaise :
Si j'en mourois (à vos bontez ne plaise)
Vous demeureriez seule, et, pour vous parler franc,
Je tiens ce service assez grand,
Pour me flater d'une esperance
De recompense. »
Elle en tomba d'accord, promit quelques douceurs,
Convint d'un nombre de faveurs
Qu'afin que la chose fust seure
Cette Princesse luy payroit,
Non tout d'un coup, mais à mesure
Que le voyage se feroit ;
Tant chaque jour, sans nulle faute.
Le marché s'estant ainsi fait,
La Princesse en croupe se met,
Sans prendre congé de son hoste.
L'inconnu, qui pour quelque-temps
S'estoit défait de tous ses gens,
Les rencontra bien-tost. Il avoit dans sa troupe

Un sien neveu fort jeune, avec son Gouverneur.
Nôtre héroine prend, en descendant de croupe,
    Un palefroy. Cependant le seigneur
        Marche toûjours à costé d'elle,
        Tantost luy conte une nouvelle,
        Et tantost luy parle d'amour,
        Pour rendre le chemin plus court.

Avec beaucoup de foy le traité s'execute :
    Pas la moindre ombre de dispute :
Point de faute au calcul, non plus qu'entre marchands.
De faveur en faveur (ainsi contoient ces gens)
Jusqu'aux bords de la mer enfin ils arriverent,
            Et s'embarquerent.
    Cet element ne leur fut pas moins doux
Que l'autre avoit esté ; certain calme, au contraire,
Prolongeant le chemin, augmenta le salaire.
        Sains et gaillards ils débarquerent tous
        Au port de Joppe, et là se rafraischirent ;
            Au bout de deux jours en partirent,
            Sans autre escorte que leur train :
            Ce fut aux brigands une amorce :
            Un gros d'Arabes en chemin
Les ayant rencontrez, ils cedoient à la force,
Quand nostre avanturier fit un dernier effort,
Repoussa les brigands, receut une blessure
        Qui le mit dans la sepulture,
        Non sur le champ ; devant sa mort
Il pourveut à la belle, ordonna du voyage,
En chargea son neveu, jeune homme de courage,
        Luy leguant par mesme moyen
Le surplus des faveurs, avec son équipage
            Et tout le reste de son bien.
Quand on fut revenu de toutes ces alarmes,
Et que l'on eut versé certain nombre de larmes,

On satisfit au testament du mort ;
On paya les faveurs, dont enfin la derniere
    Escheut justement sur le bord
        De la frontiere.
    En cet endroit le neveu la quitta,
        Pour ne donner aucun ombrage,
        Et le gouverneur la guida
        Pendant le reste du voyage.
    Au Soudan il la presenta.
        D'exprimer icy la tendresse,
        Ou pour mieux dire les transports,
Que témoigna Zaïr en voyant la Princesse,
        Il faudroit de nouveaux efforts,
Et je n'en puis plus faire : il est bon que j'imite
        Phœbus, qui sur la fin du jour
        Tombe d'ordinaire si court
        Qu'on diroit qu'il se precipite.
Le gouverneur aymoit à se faire écouter ;
Ce fut un passe-temps de l'entendre conter
        Monts et merveilles de la dame,
        Qui rioit sans doute en son ame.
« Seigneur, dit le bon homme en parlant au Soudan,
Hispal estant party, Madame incontinent,
Pour fuir oisiveté, principe de tout vice,
Resolut de vacquer nuit et jour au service
D'un Dieu qui chez ces gens a beaucoup de credit.
        Je ne vous aurois jamais dit
        Tous ses temples et ses chapelles,
Nommez pour la pluspart alcoves et ruelles.
Là les gens pour Idole ont un certain oiseau,
        Qui dans ses portraits est fort beau,
        Quoy qu'il n'ait des plumes qu'aux aisles.
        Au contraire des autres Dieux,
        Qu'on ne sert que quand on est vieux,
        La jeunesse luy sacrifie.

Si vous sçaviez l'honneste vie
Qu'en le servant menoit Madame Alaciel,
Vous beniriez cent fois le ciel
De vous avoir donné fille tant accomplie.
Au reste, en ces pays on vit d'autre façon
Que parmy vous ; les belles vont et viennent :
Point d'eunuques qui les retiennent ;
Les hommes en ces lieux ont tous barbe au menton.
Madame dés l'abord s'est faite à leur methode,
Tant elle est de facile humeur ;
Et je puis dire à son honneur
Que de tout elle s'accommode. »

Zaïr estoit ravy. Quelques jours écoulez,
La Princesse partit pour Garbe en grande escorte.
Les gens qui la suivoient furent tous régalez
De beaux presens ; et d'une amour si forte
Cette belle toucha le cœur de Mamolin,
Qu'il ne se tenoit pas. On fit un grand festin,
Pendant lequel, ayant belle audience,
Alaciel conta tout ce qu'elle voulut,
Dit les mensonges qu'il luy plut.
Mamolin et sa Cour écoutoient en silence.
La nuit vint : on porta la Reine dans son lit.
A son honneur elle en sortit :
Le Prince en rendit témoignage.
Alaciel, à ce qu'on dit,
N'en demandoit pas davantage.

Ce conte nous apprend que beaucoup de maris
Qui se vantent de voir fort clair en leurs affaires
N'y viennent bien souvent qu'aprés les favoris,
Et, tout sçavans qu'ils sont, ne s'y connoissent gueres.
Le plus seur toutesfois est de se bien garder,
Craindre tout, ne rien hazarder.

Filles, maintenez-vous ; l'affaire est d'importance.
Rois de Garbe ne sont oyseaux communs en France.
Vous voyez que l'Hymen y suit l'accord de prés :
    C'est là l'un des plus grands secrets
    Pour empêcher les avantures.
Je tiens vos amitiez fort chastes et fort pures ;
Mais Cupidon alors fait d'estranges leçons.
    Rompez-luy toutes ses mesures :
Pourvoyez à la chose aussi bien qu'aux soupçons ;
Ne m'allez point conter : « C'est le droit des garçons ; »
Les garçons sans ce droit ont assez où se prendre.
Si quelqu'une pourtant ne s'en pouvoit deffendre,
Le remede sera de rire en son mal-heur.
    Il est bon de garder sa fleur,
Mais pour l'avoir perdue il ne se faut pas pendre.

XV. — L'HERMITE

Nouvelle tirée de Bocace.

Dame Venus et dame Hypocrisie
Font quelquefois ensemble de bons coups ;
Tout homme est homme, et les Moines sur tous ;
Ce que j'en dis, ce n'est point par envie.
Avez-vous sœur, fille, ou femme jolie,
Gardez le froc ; c'est un maistre Gonin ;
Vous en tenez s'il tombe sous sa main
Belle qui soit quelque peu simple et neuve :
Pour vous montrer que je ne parle en vain,
Lisez cecy, je ne veux autre preuve.
    Un jeune hermite estoit tenu pour saint ;

On luy gardoit place dans la Legende.
L'homme de Dieu d'une corde estoit ceint,
Pleine de neuds ; mais sous sa houpelande
Logeoit le cœur d'un dangereux paillard.
Un chapelet pendoit à sa ceinture,
Long d'une brasse, et gros outre mesure ;
Une clochette estoit de l'autre part.
Au demeurant, il faisoit le caphard ;
Se renfermoit voyant une femelle
Dedans sa coque, et baissoit la prunelle :
Vous n'auriez dit qu'il eust mangé le lard.
   Un bourg estoit dedans son voisinage,
Et dans ce bourg une veuve fort sage,
Qui demeuroit tout à l'extremité.
Elle n'avoit pour tout bien qu'une fille,
Jeune, ingenue, agreable et gentille,
Pucelle encor, mais à la verité
Moins par vertu que par simplicité ;
Peu d'entregent, beaucoup d'honnesteté,
D'autre dot point, d'amans pas davantage.
Du temps d'Adam, qu'on naissoit tout vestu,
Je pense bien que la belle en eût eu,
Car avec rien on montoit un mesnage.
Il ne faloit matelas ny linceul :
Mesme le lit n'estoit pas necessaire.
Ce temps n'est plus. Himen, qui marchoit seul,
Meine à present à sa suite un notaire.
   L'Anachorete, en questant par le bourg,
Vid cette fille, et dit sous son capuce :
« Voicy dequoy ; si tu sçais quelque tour,
Il te le faut employer, Frere Luce. »
Pas n'y manqua, voicy comme il s'y prit.
Elle logeoit, comme j'ay déja dit,
Tout prés des champs, dans une maisonnette,
Dont la cloison par nostre anachorete

Estant percée aisément et sans bruit,
Le compagnon par une belle nuit,
Belle, non pas, le vent et la tempeste
Favorisoient le dessein du galant.
Une nuit donc, dans le pertuis mettant
Un long cornet, tout du haut de la teste
Il leur cria : « Femmes, escoutez-moi. »
A cette voix, toutes pleines d'effroy,
Se blotissant, l'une et l'autre est en trance.
Il continue, et corne à toute outrance :
« Réveillez-vous, creatures de Dieu,
Toy femme veuve, et toy fille pucelle :
Allez trouver mon serviteur fidelle
L'Hermite Luce, et partez de ce lieu
Demain matin sans le dire à personne ;
Car c'est ainsi que le Ciel vous l'ordonne.
Ne craignez point, je conduiray vos pas,
Luce est benin. Toy, veuve, tu feras
Que de ta fille il ait la compagnie ;
Car d'eux doit naistre un Pape, dont la vie
Reformera tout le peuple chrestien. »
La chose fut tellement prononcée,
Que dans le lit l'une et l'autre enfoncée
Ne laissa pas de l'entendre fort bien.
La peur les tint un quart-d'heure en silence.
La fille enfin met le nez hors des draps,
Et puis tirant sa mere par le bras,
Luy dit d'un ton tout remply d'innocence :
« Mon Dieu, maman, y faudra-t-il aller ?
Ma compagnie ? helas ! qu'en veut-il faire ?
Je ne sçay pas comment il faut parler ;
Ma cousine Anne est bien mieux son affaire
Et retiendroit bien mieux tous ses sermons.
— Sotte, tay toy, luy repartit la mere,
C'est bien cela ; va, va, pour ces leçons

Il n'est besoin de tout l'esprit du monde :
Dés la premiere, ou bien dés la seconde,
Ta cousine Anne en sçaura moins que toy.
— Ouy? dit la fille, hé! mon Dieu, menez moy.
Partons, bien-tost nous reviendrons au giste.
— Tout doux, reprit la mere en soûriant,
Il ne faut pas que nous allions si viste :
Car que sçait-on ? le diable est bien meschant
Et bien trompeur ; si c'estoit luy, ma fille,
Qui fust venu pour nous tendre des lacs ?
As-tu pris garde ? il parloit d'un ton cas,
Comme je croy que parle la famille
De Lucifer. Le fait merite bien
Que, sans courir ny precipiter rien,
Nous nous gardions de nous laisser surprendre.
Si la frayeur t'avoit fait mal entendre :
Pour moy, j'avois l'esprit tout éperdu.
— Non, non, maman, j'ay fort bien entendu,
Dit la fillette. — Or bien reprit la mere,
Puisque ainsi va, mettons-nous en priere. »
 Le lendemain, tout le jour se passa
A raisonner, et par cy, et par là,
Sur cette voix et sur cette rencontre.
La nuit venue, arrive le corneur ;
Il leur cria d'un ton à faire peur :
« Femme incredule, et qui vas alencontre
Des volontez de Dieu ton createur,
Ne tarde plus, va t'en trouver l'Hermite,
Ou tu mourras. » La fillette reprit :
« Hé bien, maman, l'avois-je pas bien dit ?
Mon Dieu, partons ; allons rendre visite
A l'homme saint ; je crains tant vostre mort
Que j'y courrois, et tout de mon plus fort,
S'il le faloit. — Allons donc, » dit la mere.
La belle mit son corset des bons jours,

Son demy-ceint, ses pendans de velours,
Sans se douter de ce qu'elle alloit faire :
Jeune fillette a toûjours soin de plaire.
Nostre cagot s'estoit mis aux aguets,
Et par un trou qu'il avoit fait exprés
A sa cellule, il vouloit que ces femmes
Le pûssent voir comme un brave soldat,
Le fouet en main, toûjours en un estat
De penitence, et de tirer des flâmes
Quelque defunct puny pour ses mesfaits ;
Faisant si bien en frappant tout auprés,
Qu'on crust ouir cinquante disciplines.
Il n'ouvrit pas à nos deux Pelerines
Du premier coup, et pendant un moment
Chacune peut l'entrevoir s'escrimant
Du saint outil. Enfin, la porte s'ouvre,
Mais ce ne fut d'un bon *Miserere*.
Le Papelard contre-fait l'estonné.
Tout en tremblant la veuve luy découvre
Non sans rougir, le cas comme il estoit.
A six pas d'eux la fillette attendoit
Le resultat, qui fut que nostre Hermite
Les renvoya, fit le bon hipocrite.
« Je crains, dit-il, les ruses du malin :
Dispensez-moy ; le sexe feminin
Ne doit avoir en ma celulle entrée.
Jamais de moy S. Pere ne naistra.»
La veuve dit, toute déconfortée :
« Jamais de vous ? et pourquoy ne fera ? »
Elle ne pût en tirer autre chose.
En s'en allant la fillette disoit,
« Helas ! Maman, nos pechez en sont cause. »
La nuit revient, et l'une et l'autre estoit
Au premier somme, alors que l'hipocrite
Et son cornet font bruire la maison.

Il leur cria toûjours du mesme ton :
« Retournez voir Luce le saint Hermite ;
Je l'ay changé ; retournez dés demain.»
Les voilà donc derechef en chemin.
Pour ne tirer plus en long cette histoire,
Il les receut. La mere s'en alla,
Seule s'entend, la fille demeura ;
Tout doucement il vous l'apprivoisa,
Luy prit d'abord son joly bras d'yvoire,
Puis s'approcha, puis en vint au baiser,
Puis aux beautez que l'on cache à la veue,
Puis le galant vous la mit toute nue,
Comme s'il eust voulu la baptiser.
O Papelars ! qu'on se trompe à vos mines !
Tant luy donna du retour de Matines,
Que maux de cœur vinrent premierement,
Et maux de cœur chassez Dieu sçait comment.
En fin finalle, une certaine enflure
La contraignit d'alonger sa ceinture,
Mais en cachette, et sans en avertir
Le forge-Pape, encore moins la mere.
Elle craignoit qu'on ne la fist partir :
Le jeu d'Amour commençoit à luy plaire.
Vous me direz, d'où luy vint tant d'esprit ?
D'où ? de ce jeu ; c'est l'arbre de science.
Sept mois entiers la galande attendit ;
Elle allegua son peu d'experience.

Dés que la mere eut indice certain
De sa grossesse, elle luy fit soudain
Trousser bagage, et remercia l'hoste.
Luy, de sa part, rendit grace au Seigneur,
Qui soulageoit son pauvre serviteur.
Puis au départ il leur dit que sans faute,
Moyennant Dieu, l'enfant viendroit à bien.
« Gardez pourtant, Dame, de faire rien

Qui puisse nuire à vostre geniture.
Ayez grand soin de cette creature,
Car tout bon-heur vous en arrivera.
Vous regnerez, serez la signora,
Ferez monter aux grandeurs tous les vostres,
Princes les uns, et grands seigneurs les autres.
Vos cousins Ducs, Cardinaux vos neveux :
Places, chasteaux, tant pour vous que pour eux
Ne manqueront en aucune maniere,
Non plus que l'eau qui coule en la riviere.»
Leur ayant fait cette prediction,
Il leur donna sa benediction.
 La signora, de retour chez sa mere,
S'entretenoit jour et nuit du S. Pere,
Preparoit tout, luy faisoit des beguins :
Au demeurant prenoit tous les matins
La couple d'œufs, attendoit en liesse
Ce qui viendroit d'une telle grossesse.
Mais ce qui vint destruisit les chasteaux,
Fit avorter les mitres, les chapeaux,
Et les grandeurs de toute la famille.
La signora mit au monde une fille.

XVI. — MAZET DE LAMPORECHIO

Nouvelle tirée de Bocace.

LE voile n'est le rempart le plus sûr
Contre l'Amour, ny le moins accessible :
Un bon mary, mieux que grille ny mur,
Y pourvoira, si pourvoir est possible.
C'est à mon sens une erreur trop visible

A des parens, pour ne dire autrement,
De presumer, après qu'une personne,
Bon gré, mal gré, s'est mise en un couvent,
Que Dieu prendra ce qu'ainsi l'on luy donne :
Abus, abus ! je tiens que le malin
N'a revenu plus clair et plus certain
(Sauf toutesfois l'assistance divine).
Encore un coup, ne faut qu'on s'imagine,
Que d'estre pure et nette de peché
Soit privilege à la guimpe attaché.
Nenny da, non ; je pretens qu'au contraire
Filles du monde ont toûjours plus de peur
Que l'on ne donne atteinte à leur honneur ;
La raison est qu'elles en ont affaire.
Moins d'ennemis attaquent leur pudeur.
Les autres n'ont pour un seul adversaire.
Tentation, fille d'oisiveté,
Ne manque pas d'agir de son costé :
Puis le desir, enfant de la contrainte.
« Ma fille est nonne, *ergo* c'est une sainte, »
Mal raisonner. Des quatre parts les trois
En ont regret et se mordent les doigts ;
Font souvent pis, au moins l'ay-je oüy dire,
Car pour ce poinct je parle sans sçavoir.
Bocace en fait certain conte pour rire,
Que j'ay rimé comme vous allez voir.

 Un bon vieillard en un couvent de filles
Autrefois fut, labouroit le jardin.
Elles estoient toutes assez gentilles,
Et volontiers jasoient dés le matin.
Tant ne songeoient au service divin
Qu'à soy montrer és parloirs aguimpées
Bien blanchement, comme droites poupées,
Preste chacune à tenir coup aux gens,
Et n'estoit bruit qu'il se trouvast leans

Fille qui n'eût dequoy rendre le change,
Se renvoyant l'une à l'autre l'éteuf.
Huit sœurs estoient, et l'abbesse sont neuf,
Si mal d'accord que c'estoit chose étrange.
De la beauté, la pluspart en avoient ;
De la jeunesse, elles en avoient toutes.
En cettuy lieu beaux Peres frequentoient,
Comme on peut croire, et tant bien supputoient,
Qu'il ne manquoit à tomber sur leurs routes.
 Le bon vieillard jardinier dessus-dit
Prés de ces Sœurs perdoit presque l'esprit ;
A leur caprice il ne pouvoit suffire.
Toutes vouloient au vieillard commander,
Dont ne pouvant entre elles s'accorder,
Il souffroit plus que l'on ne sçauroit dire.
 Force luy fut de quitter la maison.
Il en sortit de la mesme façon
Qu'estoit entré là dedans le pauvre homme,
Sans croix ne pile, et n'ayant rien en somme
Qu'un vieil habit. Certain jeune garçon
De Lamporech, si j'ay bonne memoire,
Dit au vieillard un beau jour aprés boire,
Et raisonnant sur le fait des nonains,
Qu'il passeroit bien volontiers sa vie
Prés de ces Sœurs, et qu'il avoit envie
De leur offrir son travail et ses mains,
Sans demander recompense ny gages.
Le compagnon ne visoit à l'argent :
Trop bien croyoit, ces Sœurs estant peu sages,
Qu'il en pourroit croquer une en passant,
Et puis une autre, et puis toute la troupe.
Nuto luy dit (c'est le nom du vieillard) :
« Croy-moy, Mazet, mets-toy quelque autre part.
J'aimerois mieux être sans pain ny soupe
Que d'employer en ce lieu mon travail.

Les nones sont un étrange bestail :
Qui n'a tasté de cette marchandise
Ne sçait encor ce que c'est que tourment.
Je te le dis, laisse-là ce couvent ;
Car d'esperer les servir à leur guise,
C'est un abus ; l'une voudra du mou,
L'autre du dur ; parquoy je te tiens fou,
D'autant plus fou que ces filles sont sottes ;
Tu n'auras pas œuvre faite, entre nous ;
L'une voudra que tu plantes des choux,
L'autre voudra que ce soit des carottes. »
Mazet reprit : « Ce n'est pas là le poinct.
Voy-tu, Nuto, je ne suis qu'une beste ;
Mais dans ce lieu tu ne me verras point
Un mois entier sans qu'on m'y fasse feste.
La raison est que je n'ay que vingt ans,
Et comme toy je n'ay pas fait mon temps.
Je leur suis propre, et ne demande en somme
Que d'estre admis. » Dit alors le bon homme :
« Au Fac-totum tu n'as qu'à t'adresser ;
Allons-nous-en de ce pas luy parler.
—Allons, dit l'autre. Il me vient une chose
Dedans l'esprit : je feray le muet
Et l'idiot. — Je pense qu'en effet,
Reprit Nuto, cela peut estre cause
Que le Pater avec le Fac-totum
N'auront de toy ny crainte ny soupçon. »
La chose alla comme ils l'avoient preveue.
Voilà Mazet, à qui pour bienvenue
L'on fait bescher la moitié du jardin.
Il contre-fait le sot et le badin,
Et cependant laboure comme un sire.
Autour de luy les nones alloient rire.

Un certain jour le compagnon dormant,
Ou bien feignant de dormir, il n'importe,

Bocace dit qu'il en faisoit semblant,
Deux des nonains le voyant de la sorte
Seul au jardin, car sur le haut du jour
Nulle des Sœurs ne faisoit long sejour
Hors le logis, le tout crainte du hasle,
De ces deux donc l'une, approchant Mazet,
Dit à sa Sœur : « Dedans ce cabinet
Menons ce sot. » Mazet estoit beau masle,
Et la Galande à le considerer
Avoit pris goust ; pourquoy sans differer
Amour luy fit proposer cette affaire.
L'autre reprit : « Là-dedans ? et quoy faire ?
— Quoy ? dit la Sœur, je ne sçay, l'on verra ;
Ce que l'on fait alors qu'on en est là :
Ne dit-on pas qu'il se fait quelque chose ?
— Jesus, reprit l'autre Sœur se signant,
Que dis-tu là ? notre Regle défend
De tels pensers. S'il nous fait un enfant ?
Si l'on nous voit ? Tu t'en vas estre cause
De quelque mal. — On ne nous verra point,
Dit la premiere ; et, quant à l'autre poinct
C'est s'allarmer avant que le coup vienne.
Usons du temps sans nous tant mettre en peine,
Et sans prevoir les choses de si loin.
Nul n'est icy, nous avons tout à poinct,
L'heure et le lieu, si touffu que la veue
N'y peut passer : et puis sur l'avenue
Je suis d'avis qu'une fasse le guet :
Tandis que l'autre estant avec Mazet,
A son bel aise aura lieu de s'instruire :
Il est muet et n'en pourra rien dire.
— Soit fait, dit l'autre ; il faut à ton desir
Acquiescer, et te faire plaisir.
Je passeray si tu veux la premiere
Pour t'obliger : au moins à ton loisir

Tu t'ébatras puis aprés de maniere
Qu'il ne sera besoin d'y retourner :
Ce que j'en dis n'est que pour t'obliger.
— Je le voy bien, dit l'autre plus sincere :
Tu ne voudrois sans cela commencer
Assurement, et tu serois honteuse.»
Tant y resta cette Sœur scrupuleuse,
Qu'à la fin l'autre, allant la dégager,
De faction la fut faire changer.
  Nostre muet fait nouvelle partie :
Il s'en tira non si gaillardement ;
Cette Sœur fut beaucoup plus mal lotie ;
Le pauvre gars acheva simplement
Trois fois le jeu, puis après il fit chasse.
Les deux Nonains n'oublierent la trace
Du cabinet, non plus que du jardin ;
Il ne faloit leur montrer le chemin.
Mazet, pourtant, se ménagea de sorte
Qu'à Sœur Agnès, quelques jours ensuivant,
Il fit apprendre une semblable note
En un pressoir tout au bout du couvent.
Sœur Angelique et sœur Claude suivirent,
L'une au dortoir, l'autre dans un cellier ;
Tant qu'à la fin la cave et le grenier
Du fait des Sœurs maintes choses apprirent.
Point n'en resta que le sire Mazet
Ne régalast au moins mal qu'il pouvoit.
L'Abbesse aussi voulut entrer en danse.
Elle eut son droit, double et triple pitance,
De quoy les Sœurs jeûnerent trés-longtemps.
Mazet n'avoit faute de restaurans ;
Mais restaurans ne font pas grande affaire
A tant d'employ. Tant presserent le here,
Qu'avec l'Abbesse un jour venant au choc,
« J'ai toûjours ouy, ce dit-il, qu'un bon Coq

N'en a que sept ; au moins qu'on ne me laisse
Toutes les neuf. — Miracle ! dit l'Abbesse;
Venez, mes Sœurs, nos jeusnes ont tant fait
Que Mazet parle. » Alentour du muet,
Non plus muet, toutes huit accoururent ;
Tinrent Chapitre, et sur l'heure conclurent,
Qu'à l'avenir Mazet seroit choyé,
Pour le plus seur ; car qu'ils fust renvoyé,
Cela rendroit la chose manifeste.
Le Compagnon, bien nourry, bien payé,
Fit ce qu'il pût, d'autres firent le reste.
Il les engea de petits Mazillons,
Desquels on fit de petits Moinillons ;
Ces moinillons devinrent bien-tost Peres,
Comme les Sœurs devinrent bien-tost Meres,
A leur regret, pleines d'humilité;
Mais jamais nom ne fut mieux merité.

TROISIESME PARTIE

I. — LES OYES DE FRERE PHILIPPE

Nouvelle tirée de Bocace.

Je dois trop au beau sexe ; il me fait trop d'honneur
De lire ces recits, si tant est qu'il les lise.
Pourquoy non ? c'est assez qu'il condamne en son cœur
  Celles qui font quelque sottise.
   Ne peut-il pas, sans qu'il le dise,
   Rire sous-cape de ces tours
   Quelque avanture qu'il y trouve ?
   S'ils sont faux, ce sont vains discours ;
   S'ils sont vrays, il les desaprouve.
Iroit-il aprés tout s'alarmer sans raison
  Pour un peu de plaisanterie ?
Je craindrois bien plûtost que la cajolerie
  Ne mist le feu dans la maison.
Chassez les soûpirans, Belles, souffrez mon Livre ;
  Je réponds de vous corps pour corps :
Mais pourquoy les chasser ? ne sçauroit-on bien vivre
  Qu'on ne s'enferme avec les morts ?
  Le monde ne vous connoist gueres,
S'il croit que les faveurs sont chez vous familieres :
  Non pas que les heureux amans

Soient ny phenix ni corbeaux blancs ;
Aussi ne sont-ce fourmilleres.
Ce que mon Livre en dit doit passer pour chansons.
J'ay servy des beautez de toutes les façons;
Qu'ay-je gagné ? trés-peu de chose ;
Rien. Je m'aviserois sur le tard d'estre cause
Que la moindre de vous commist le moindre mal.
Contons, mais contons bien ; c'est le point principal;
C'est tout ; à cela prés, Censeurs, je vous conseille
De dormir comme moy sur l'une et l'autre oreille.
Censurez tant qu'il vous plaira
Méchans vers et phrases méchantes ;
Mais pour bons tours, laissez-les là ;
Ce sont choses indifferentes;
Je n'y vois rien de perilleux.
Les meres, les maris, me prendront aux cheveux
Pour dix ou douze contes bleus !
Voyez un peu la belle affaire !
Ce que je n'ay pas fait, mon Livre iroit le faire !
Beau sexe, vous pouvez le lire en seureté ;
Mais je voudrois m'estre acquitté
De cette grace par avance.
Que puis-je faire en récompense ?
Un conte où l'on va voir vos appas triompher :
Nulle précaution ne les put étouffer.
Vous auriez surpassé le Printemps et l'Aurore
Dans l'esprit d'un garçon, si dés ses jeunes ans,
Outre l'éclat des Cieux et les beautez des champs,
Il eust veu les vostres encore.
Aussi dés qu'il les vid il en sentit les coups ;
Vous surpassâtes tout ; il n'eut d'yeux que pour vous;
Il laissa les palais : enfin vostre personne
Luy parut avoir plus d'attraits
Que n'en auroient à beaucoup prés
Tous les joyaux de la Couronne.

On l'avoit dés l'enfance élevé dans un bois.
  Là son unique compagnie
Consistoit en oyseaux : leur aimable harmonie
  Le desennuyoit quelquesfois.
Tout son plaisir estoit cet innocent ramage :
Encor ne pouvoit-il entendre leur langage.
  En une école si sauvage
Son pere l'amena dés ses plus tendres ans.
  Il venoit de perdre sa mere,
Et le pauvre garçon ne connut la lumiere
  Qu'afin qu'il ignorast les gens :
Il ne s'en figura pendant un fort long-temps
  Point d'autres que les habitans
  De cette forest ; c'est à dire
Que des loups, des oyseaux, enfin ce qui respire
Pour respirer sans plus, et ne songer à rien.
Ce qui porta son pere à fuir tout entretien,
Ce furent deux raisons ou mauvaises ou bonnes;
  L'une, la haine des personnes,
L'autre la crainte; et depuis qu'à ses yeux
Sa femme disparut s'envolant dans les Cieux,
  Le monde luy fut odieux ;
  Las d'y gémir et de s'y plaindre,
  Et par tout des plaintes ouïr,
Sa moitié le luy fit par son trépas haïr,
  Et le reste des femmes craindre.
Il voulut estre hermite, et destina son fils
  A ce mesme genre de vie.
  Ses biens aux pauvres départis,
  Il s'en va seul, sans compagnie
Que celle de ce fils, qu'il portoit dans ses bras :
Au fonds d'une forest il arreste ses pas.
(Cet homme s'appeloit Philippe, dit l'histoire.)
Là, par un saint motif, et non par humeur noire,
Nostre hermite nouveau cache avec trés-grand soin

Cent choses à l'enfant; ne luy dit prés ny loin
    Qu'il fust au monde aucune femme,
   Aucuns desirs, aucun amour;
Au progrés de ses ans reglant en ce sejour
    La nourriture de son ame,
A cinq il luy nomma des fleurs, des animaux,
    L'entretint de petits oyseaux,
Et parmy ce discours aux enfans agreable,
    Mesla des menaces du diable ;
Luy dit qu'il estoit fait d'une étrange façon :
La crainte est aux enfans la premiere leçon.
Les dix ans expirez, matiere plus profonde
Se mit sur le tapis : un peu de l'autre monde
    Au jeune enfant fut revelé,
    Et de la femme point parlé.
    Vers quinze ans luy fut enseigné,
Tout autant que l'on put, l'Auteur de la nature,
    Et rien touchant la creature.
Ce propos n'est alors déja plus de saison
   Pour ceux qu'au monde on veut soustraire;
Telle idée en ce cas est fort peu necessaire.
Quand ce fils eut vingt ans, son pere trouva bon
   De le mener à la ville prochaine.
Le vieillard tout cassé ne pouvoit plus qu'à peine
Aller querir son vivre : et luy mort, aprés tout,
Que feroit ce cher fils ? comment venir à bout
   De subsister sans connoistre personne ?
Les loups n'estoient pas gens qui donnassent l'aumône.
    Il sçavoit bien que le garçon
    N'auroit de luy, pour heritage,
    Qu'une besace et qu'un bâton :
    C'estoit un étrange partage.
Le pere à tout cela songeoit sur ses vieux ans.
    Au reste il estoit peu de gens
    Qui ne luy donnassent la miche.

Frere Philippe eust esté riche
S'il eust voulu. Tous les petits enfans
Le connoissoient, et du haut de leur teste,
Ils crioient : Aprestez la queste ;
Voila Frere Philippe. Enfin dans la cité
Frere Philippe souhaité
Avoit force devots ; de devotes pas une,
Car il n'en vouloit point avoir.
Si-tost qu'il crut son fils ferme dans son devoir,
Le pauvre homme le meine voir
Les gens de bien, et tente la fortune.
Ce ne fut qu'en pleurant qu'il exposa ce fils.
Voilà nos hermites partis ;
Ils vont à la cité, superbe, bien bastie,
Et de tous objets assortie :
Le Prince y faisoit son sejour.
Le jeune homme tombé des nues
Demandoit : « Qu'est-ce là ? — Ce sont des gens de Cour.
— Et là ? — Ce sont palais. — Icy ? — Ce sont statues. »
Il consideroit tout, quand de jeunes beautez
Aux yeux vifs, aux traits enchantez,
Passerent devant luy ; dés-lors nulle autre chose
Ne pût ses regards attirer.
Adieu Palais ; adieu ce qu'il vient d'admirer ;
Voicy bien pis, et bien une autre cause
D'étonnement.
Ravy comme en extase à cet objet charmant :
« Qu'est-ce là, dit-il à son pere,
Qui porte un si gentil habit ?
Comment l'appelle-t-on ? » Ce discours ne plut guere
Au bon vieillard, qui répondit :
« C'est un oyseau qui s'appelle oye.
— O l'agreable oyseau ! dit le fils plein de joye.
Oye, hélas, chante un peu, que j'entende ta voix.
Peut-on point un peu te connoistre ?

Mon pere, je vous prie et mille et mille fois,
    Menons en une en nostre bois,
    J'auray soin de la faire paistre. »

II. — LA MANDRAGORE

Nouvelle tirée de Machiavel.

Au present Conte on verra la sottise
D'un Florentin. Il avoit femme prise,
Honneste et sage autant qu'il est besoin,
Jeune pourtant ; du reste toute belle,
Et n'eust-on crû de jouissance telle
Dans le païs, ny mesme encor plus loin..
Chacun l'aimoit, chacun la jugeoit digne
D'un autre époux : car, quant à celuy-cy,
Qu'on appeloit Nicia Calfucci,
Ce fut un sot, en son temps, trés-insigne.
Bien le monstra lors que bon gré, mal gré,
Il resolut d'estre pere appellé;
Crût qu'il feroit beaucoup pour sa patrie,
S'il la pouvoit orner de Calfuccis.
Sainte ny Saint n'estoit en Paradis
Qui de ses vœux n'eust la teste étourdie.
Tous ne sçavoient où mettre ses presens.
Il consultoit matrones, charlatans,
Diseurs de mots, experts sur cette affaire :
Le tout en vain : car il ne pût tant faire
Que d'estre pere. Il estoit buté là,
Quand un jeune homme, aprés avoir en France
Étudié, s'en revint à Florence,
Aussi leurré qu'aucun de par delà,

Propre, galant, cherchant par tout fortune,
Bien fait de corps, bien voulu de chacune :
Il sceut dans peu la carte du païs,
Connut les bons et les méchans maris,
Et de quel bois se chauffoient leurs femelles,
Quels surveillans ils avoient mis prés d'elles ;
Les si, les car, enfin tous les détours ;
Comment gagner les confidens d'Amours,
Et la nourrice, et le confesseur mesme,
Jusques au chien ; tout y fait quand on aime.
Tout tend aux fins, dont un seul ïota
Nestant omis, d'abord le personnage
Jette son plomb sur Messer Nicia,
Pour luy donner l'ordre de Cocuage.
Hardy dessein ! L'épouse de leans,
A dire vray, recevoit bien les gens ;
Mais c'estoit tout ; aucun de ses Amans
Ne s'en pouvoit promettre davantage.
Celuy-cy seul, Callimaque nommé,
Dés qu'il parut fut trés-fort à son gré.
Le Galant donc prés de la forteresse
Assiet son camp, vous investit Lucrece,
Qui ne manqua de faire la tygresse
A l'ordinaire, et l'envoya jouer :
Il ne sçavoit à quel Saint se vouer,
Quand le mary, par sa sottise extrême,
Luy fit juger qu'il n'estoit stratagême,
Panneau n'estoit, tant estrange semblast,
Où le pauvre homme à la fin ne donnast
De tout son cœur, et ne s'en affublast.
L'Amant et luy, comme estans gens d'étude,
Avoient entre-eux lié quelque habitude ;
Car Nice estoit docteur en droit-canon :
Mieux eust valu l'estre en autre science,
Et qu'il n'eust pris si grande confiance

En Callimaque. Un jour au compagnon
Il se plaignit de se voir sans lignée.
A qui la faute ? il estoit vert-galant,
Lucrece jeune et drue et bien taillée :
« Lorsque j'estois à Paris, dit l'Amant,
Un curieux y passa d'avanture.
Je l'allay voir, il m'apprit cents secrets,
Entr'autres un pour avoir geniture,
Et n'estoit chose à son conte plus seure.
Le Grand Mogol l'avoit avec succés
Depuis deux ans éprouvé sur sa femme.
Mainte Princesse et mainte et mainte dame
En avoit fait aussi d'heureux essais.
Il disoit vray, j'en ay vû des effets.
Cette recepte est une medecine
Faite du jus de certaine racine,
Ayant pour nom Mandragore, et ce jus,
Pris par la femme, opere beaucoup plus
Que ne fit onc nulle ombre monachale
D'aucun couvent de jeunes Freres plein.
Dans dix mois d'hui je vous fais pere enfin,
Sans demander un plus long intervalle.
Et touchez là : dans dix mois et devant
Nous porterons au baptesme l'enfant.
— Dites-vous vray ? repartit Messer Nice.
Vous me rendez un merveilleux office.
— Vray ? je l'ay vû ; faut-il repeter tant ?
Vous moquez-vous d'en douter seulement ?
Par vostre foy, le Mogor est-il homme
Que l'on osast de la sorte affronter ?
Ce Curieux en toucha telle somme
Qu'il n'eut sujet de s'en mécontenter. »
Nice reprit : « Voilà chose admirable !
Et qui doit estre à Lucrece agreable !
Quand luy verray-je un poupon sur le sein ?

Nostre feal, vous serez le Parrein :
C'est la raison ; dés hui je vous en prie.
— Tout doux, reprit alors nostre galant,
Ne soyez pas si prompt, je vous supplie :
Vous allez viste ; il faut auparavant
Vous dire tout. Un mal est dans l'affaire :
Mais icy bas pût-on jamais tant faire
Que de trouver un bien pur et sans mal ?
Ce jus doué de vertu tant insigne
Porte d'ailleurs qualité trés-maligne.
Presque toûjours il se trouve fatal
A celuy-là qui le premier caresse
La patiente ; et souvent on en meurt.»
Nice reprit aussi-tost : « Serviteur !
Plus de vostre herbe, et laissons-là Lucrece
Telle qu'elle est ; bien grammercy du soin.
Que servira, moy mort, si je suis pere ?
Pourvoyez-vous de quelque-autre compere :
C'est trop de peine ; il n'en est pas besoin. »
L'Amant luy dit : « Quel esprit est le vostre !
Toûjours il va d'un excés dans un autre.
Le grand desir de vous voir un enfant
Vous transportoit n'aguere d'allegresse,
Et vous voilà, tant vous avez de presse,
Découragé sans attendre un moment.
Oyez le reste, et sçachez que Nature
A mis remede à tout, fors à la mort.
Qu'est-il de faire afin que l'avanture
Nous réussisse, et qu'elle aille à bon port ?
Il nous faudra choisir quelque jeune homme
D'entre le peuple, un pauvre mal-heureux,
Qui vous precede au combat amoureux,
Tente la voye, attire et prenne en somme
Tout le venin ; puis, le danger osté,
Il conviendra que de vostre costé

Vous agissiez sans tarder davantage ;
Car soyez seur d'estre alors garenty.
Il nous faut faire *in anima vili*
Ce premier pas, et prendre un personnage
Lourd et de peu, mais qui ne soit pourtant
Mal fait de corps, ny par trop dégoustant,
Ny d'un toucher si rude et si sauvage
Qu'à vostre femme un supplice ce soit.
Nous sçavons bien que Madame Lucrece,
Accoustumée à la delicatesse
De Nicia, trop de peine en auroit.
Mesme il se peut qu'en venant à la chose
Jamais son cœur n'y voudroit consentir.
Or ay-je dit un jeune homme, et pour cause :
Car plus sera d'âge pour bien agir,
Moins laissera de venin, sans nul doute :
Je vous promets qu'il n'en laissera goute. »
Nice d'abord eut peine à digerer
L'expedient ; allegua le danger
Et l'infamie ; il en seroit en peine :
Le Magistrat pourroit le rechercher
Sur le soupçon d'une mort si soudaine.
Empoisonner un de ses citadins !
Lucrece estoit échappée aux blondins,
On l'alloit mettre entre les bras d'un rustre !
« Je suis d'avis qu'on prenne un homme illustre,
Dit Callimaque, ou quelqu'un qui bien-tost
En mille endroits cornera le mystere !
Sottise et peur contiendront ce pitaut ;
Au pis aller l'argent le fera taire.
Vostre moitié n'ayant lieu de s'y plaire,
Et le coquin mesme n'y songeant pas,
Vous ne tombez proprement dans le cas
De cocuage. Il n'est pas dit encore
Qu'un tel paillard ne resiste au poison.

Et ce nous est une double raison
De le choisir tel que la Mandragore
Consume en vain sur luy tout son venin.
Car quand je dis qu'on meurt, je n'entends dire
Assurément. Il vous faudra demain
Faire choisir sur la brune le sire,
Et dés ce soir donner la potion.
J'en ay chez moy de la confection.
Gardez-vous bien au reste, Messer Nice,
D'aller paroistre en aucune façon.
Ligurio choisira le garçon :
C'est là son fait ; laissez-luy cet office.
Vous vous pouvez fier à ce valet
Comme à vous-mesme : il est sage et discret.
J'oublie encor que, pour plus d'assurance,
On bandera les yeux à ce paillard ;
Il ne sçaura qui, quoy, n'en quelle part,
N'en quel logis, ny si dedans Florence,
Ou bien dehors, on vous l'aura mené. »
Par Nicia le tout fut approuvé.
Restoit sans plus d'y disposer sa femme.
De prime face elle crut qu'on rioit,
Puis se fascha, puis jura sur son ame
Que mille fois plustost on la tueroit.
Que diroit-on si le bruit en couroit ?
Outre l'offense et peché trop enorme,
Calfuce et Dieu sçavoient que de tout temps
Elle avoit craint ces devoirs complaisans,
Qu'elle enduroit seulement pour la forme.
Puis il viendroit quelque mastin difforme
L'incommoder, la mettre sur les dents ?
« Suis-je de taille à souffrir toutes gens ?
Quoy ! recevoir un pitaut dans ma couche ?
Puis-je y songer qu'avecque du dédain ?
Et, par saint Jean, ny pitaut, ny blondin,

Ny Roy, ny Roc, ne feront qu'autre touche
Que Nicia jamais onc à ma peau. »
Lucrece estant de la sorte arrestée,
On eut recours à frere Timothée.
Il la prescha, mais si bien et si beau,
Qu'elle donna les mains par penitence.
On l'assura de plus qu'on choisiroit
Quelque garçon d'honneste corpulence,
Non trop rustaut, et qui ne luy feroit
Mal ny dégoust. La potion fut prise.
Le lendemain nostre amant se déguise,
Et s'enfarine en vray garçon meusnier ;
Un faux menton, barbe d'estrange guise ;
Mieux ne pouvoit se metamorphoser.
Ligurio, qui de la faciende
Et du complot avoit toûjours esté,
Trouve l'amant tout tel qu'il le demande,
Et ne doutant qu'on n'y fust attrapé,
Sur le minuit le meine à Messer Nice,
Les yeux bandez, le poil teint, et si bien
Que nostre époux ne reconnut en rien
Le compagnon. Dans le lit il se glisse
En grand silence ; en grand silence aussi
La patiente attend sa destinée,
Bien blanchement, et ce soir atournée.
Voire ce soir ! atournée ! et pour qui ?
Pour qui ? J'entends : n'est-ce pas que la Dame
Pour un meusnier prenoit trop de soucy ?
Vous vous trompez ; le sexe en use ainsi.
Meusniers ou Roys, il veut plaire à toute ame.
C'est double honneur, ce semble, en une femme,
Quand son merite échauffe un esprit lourd,
Et fait aimer les cœurs nez sans amour.
Le travesty changea de personnage
Si-tost qu'il eut dame de tel corsage

A ses costez, et qu'il fut dans le lit.
Plus de meusnier; la galande sentit
Auprés de soy la peau d'un honneste homme.
Et ne croyez qu'on employast au somme
De tels momens. Elle disoit tout bas :
« Qu'est cecy donc? ce compagnon n'est pas
Tel que j'ay crû : le drole a la peau fine.
C'est grand dommage : il ne merite, helas !
Un tel destin : j'ay regret qu'au trespas
Chaque moment de plaisir l'achemine. »
Tandis l'époux, enrollé tout de bon,
De sa moitié plaignoit bien fort la peine.
Ce fut avec une fierté de Reyne
Qu'elle donna la premiere façon
De cocuage; et, pour le décoron,
Point ne voulut y joindre ses caresses.
A ce garçon la perle des Lucreces
Prendroit du goust? Quand le premier venin
Fut emporté, nostre amant prit la main
De sa maistresse, et de baisers de flâme
La parcourant : « Pardon (dit-il), Madame,
Ne vous faschez du tour qu'on vous a fait;
C'est Callimaque; approuvez son martyre.
Vous ne sçauriez ce coup vous en dédire;
Vostre rigueur n'est plus d'aucun effet.
S'il est fatal toutesfois que j'expire,
J'en suis content : vous avez dans vos mains
Un moyen seur de me priver de vie,
Et le plaisir, bien mieux qu'aucuns venins,
M'achevera; tout le reste est folie. »
Lucrece avoit jusques-là resisté,
Non par defaut de bonne volonté,
Ny que l'amant ne plust fort à la belle;
Mais la pudeur et la simplicité
L'avoient rendue ingrate en dépit d'elle.

Sans dire mot, sans oser respirer,
Pleine de honte et d'amour tout ensemble,
Elle se met aussi-tost à pleurer.
A son amant peut-elle se montrer
Aprés cela ? « Qu'en pourra-t-il penser,
Dit-elle en soy, et qu'est-ce qu'il luy semble ?
J'ay bien manqué de courage et d'esprit ! »
Incontinent un excés de dépit
Saisit son cœur, et fait que la pauvrette
Tourne la teste, et vers le coin du lit
Se va cacher pour derniere retraite.
Elle y voulut tenir bon, mais en vain.
Ne luy restant que ce peu de terrain,
La place fut incontinent rendue.
Le vainqueur l'eut à sa discretion ;
Il en usa selon sa passion,
Et plus ne fut de larme répandue.
Honte cessa ; scrupule autant en fit.
Heureux sont ceux qu'on trompe à leur profit.
L'Aurore vint trop tost pour Callimaque,
Trop tost encor pour l'objet de ses vœux.
« Il faut, dit-il, beaucoup plus d'une attaque
Contre un venin tenu si dangereux. »
Les jours suivans, nostre couple amoureux
Y sceut pourvoir : l'époux ne tarda gueres
Qu'il n'eust attaint tous ses autres confreres.
Pour ce coup-là falut se separer ;
L'amant courut chez soy se recoucher.
A peine au lit il s'estoit mis encore,
Que nostre époux, joyeux et triomphant,
Le va trouver, et luy conte comment
S'estoit passé le jus de mandragore.
« D'abord, dit-il, j'allay tout doucement
Auprés du lit écouter si le sire
S'approcheroit, et s'il en voudroit dire

Puis je priay nostre épouse tout bas
Qu'elle luy fist quelque peu de caresse,
Et ne craignist de gaster ses appas.
C'estoit au plus une nuit d'embarras.
Et ne pensez, ce luy dis-je, Lucrece,
Ny l'un ny l'autre en cecy me tromper;
Je sçauray tout; Nice se peut vanter
D'estre homme à qui l'on n'en donne à garder;
Vous sçavez bien qu'il y va de ma vie.
N'allez donc point faire la rencherie.
Monstrez par là que vous sçavez aimer
Vostre mary plus qu'on ne croit encore :
C'est un beau champ. Que si cette pecore
Fait le honteux, envoyez sans tarder
M'en avertir, car je me vais coucher;
Et n'y manquez : nous y mettrons bon ordre.
Besoin n'en eus : tout fut bien jusqu'au bout.
Sçavez-vous bien que ce rustre y prit goust?
Le drosle avoit tantost peine à démordre.
J'en ay pitié : je le plains, aprés tout.
N'y songeons plus; qu'il meure, et qu'on l'enterre.
Et quant à vous, venez nous voir souvent.
Nargue de ceux qui me faisoient la guerre:
Dans neuf mois d'huy je leur livre un enfant. »

III. — LES REMOIS

Il n'est cité que je prefere à Rheims:
C'est l'ornement et l'honneur de la France;
Car, sans conter l'Ampoule et les bons vins,
Charmans objets y sont en abondance.
Par ce point-là je n'entends, quant à moy

Tours ny portaux, mais gentilles galoises,
Ayant trouvé telle de nos Remoises
Friande assez pour la bouche d'un Roy.
Une avoit pris un peintre en mariage,
Homme estimé dans sa profession;
Il en vivoit : que faut-il davantage ?
C'estoit assez pour sa condition.
Chacun trouvoit sa femme fort heureuse.
Le drosle estoit, grace à certain talent,
Trés bon époux, encor meilleur galant.
De son travail mainte dame amoureuse
L'alloit trouver, et le tout à deux fins:
C'estoit le bruit, à ce que dit l'histoire;
Moy qui ne suis en cela des plus fins,
Je m'en rapporte à ce qu'il en faut croire.
Dés que le sire avoit donzelle en main,
Il en rioit avecque son épouse.
Les droits d'hymen allant toûjours leur train,
Besoin n'estoit qu'elle fist la jalouse.
Mesme elle eust pû le payer de ses tours,
Et comme luy voyager en amours,
Sauf d'en user avec plus de prudence,
Ne luy faisant la mesme confidence.
Entre les gens qu'elle sceut attirer,
Deux siens voisins se laisserent leurrer
A l'entretien libre et gay de la dame ;
Car c'estoit bien la plus trompeuse femme
Qu'en ce point-là l'on eust sceu rencontrer ;
Sage sur tout, mais aimant fort à rire.
Elle ne manque incontinent de dire
A son mary l'amour des deux bourgeois,
Tous deux gens sots, tous deux gens à sornettes;
Luy raconta mot pour mot leurs fleurettes,
Pleurs et soupirs, gemissemens gaulois.
Ils avoient leu, ou plustost oüy dire,

Que d'ordinaire en amour on soûpire.
Ils taschoient donc d'en faire leur devoir,
Que bien que mal, et selon leur pouvoir.
A frais communs se conduisoit l'affaire.
Ils ne devoient nulle chose se taire.
Le premier d'eux qu'on favoriseroit
De son bon-heur part à l'autre feroit.
Femmes, voilà souvent comme on vous traite ;
Le seul plaisir est ce que l'on souhaite.
Amour est mort : le pauvre compagnon
Fut enterré sur les bords du Lignon ;
Nous n'en avons icy ny vent ny voye.
Vous y servez de jouet et de proye
A jeunes gens indiscrets, scelerats ;
C'est bien raison qu'au double on le leur rende :
Le beau premier qui sera dans vos lacs,
Plumez le moy, je vous le recommande.
La dame donc, pour tromper ses voisins,
Leur dit un jour : « Vous boirez de nos vins
Ce soir chez nous. Mon mary s'en va faire
Un tour aux champs ; et le bon de l'affaire
C'est qu'il ne doit au giste revenir.
Nous nous pourrons à l'aise entretenir.
— Bon, dirent-ils, nous viendrons sur la brune.
Or, les voilà compagnons de fortune.
La nuit venue, ils vont au rendez-vous.
Eux introduits, croyans ville gagnée,
Un bruit survint ; la feste fut troublée.
On frape à l'huis ; le logis aux verroux
Estoit fermé : la femme à la fenestre
Court en disant : « Celuy-là frape en maistre ;
Seroit-ce point par mal-heur mon époux ?
Ouy, cachez-vous, dit-elle, c'est luy mesme.
Quelque accident ou bien quelque soupçon
Le font venir coucher à la maison. »

Nos deux galands, dans ce peril extreme,
Se jettent viste en certain cabinet :
Car s'en aller, comment auroient-ils fait?
Ils n'avoient pas le pied hors de la chambre,
Que l'époux entre, et void au feu le membre
Accompagné de maint et maint pigeon,
L'un au hastier, les autres au chaudron.
« Oh! oh! dit-il, voilà bonne cuisine !
Qui traitez-vous ? — Alis nostre voisine,
Reprit l'épouse, et Simonette aussi.
Loué soit Dieu qui vous rameine icy:
La compagnie en sera plus complete.
Madame Alis, Madame Simonette,
N'y perdront rien. Il faut les avertir
Que tout est prest, qu'elles n'ont qu'à venir :
J'y cours moy-mesme. » Alors la creature
Les va prier. Or c'estoient les moitiez
De nos galands et chercheurs d'aventure,
Qui, fort chagrins de se voir enfermez,
Ne laissoient pas de louer leur hostesse
De s'estre ainsi tirée avec adresse
De cet aprest. Avec elle à l'instant
Leurs deux moitiez entrent tout en chantant.
On les salue, on les baise, on les loue
De leur beauté, de leur ajustement;
On les contemple, on patine, on se joue.
Cela ne plut aux maris nullement;
Du cabinet la porte à demy close
Leur laissant voir le tout distinctement,
Ils ne prenoient aucun goust à la chose;
Mais passe encor pour ce commencement.
Le souper mis presque au mesme moment,
Le peintre prit par la main les deux femmes,
Les fit asseoir, entre-elles se plaça.
« Je bois, dit-il, à la santé des Dames ! »

Et de trinquer ; passe encor pour cela.
On fit raison ; le vin ne dura guere.
L'hostesse estant alors sans chambriere,
Court à la cave, et de peur des esprits
Meine avec soy madame Simonette.
Le peintre reste avec Madame Alis,
Provinciale assez belle et bien faite,
Et s'en piquant, et qui pour le païs
Se pouvoit dire honnestement coquete.
Le compagnon vous la tenant seulette,
La conduisit de fleurette en fleurette
Jusqu'au toucher, et puis un peu plus loin ;
Puis tout à coup levant la colerette,
Prit un baiser dont l'époux fut témoin.
Jusques-là passe : époux, quand ils sont sages,
Ne prennent garde à ces menus suffrages,
Et d'en tenir registre c'est abus ;
Bien est-il vray qu'en rencontre pareille
Simples baisers font craindre le surplus ;
Car Satan lors vient fraper sur l'oreille
De tel qui dort, et fait tant qu'il s'éveille.
L'époux vid donc que, tandis qu'une main
Se promenoit sur la gorge à son aise,
L'autre prenoit tout un autre chemin,
Ce fut alors, dame, ne vous déplaise,
Que, le courroux luy montant au cerveau,
Il s'en alloit, enfonçant son chapeau,
Mettre l'alarme en tout le voisinage,
Batre sa femme, et dire au peintre rage,
Et témoigner qu'il n'avoit les bras gourds.
« Gardez-vous bien de faire une sottise,
Luy dit tout bas son compagnon d'amours,
Tenez-vous coy. Le bruit en nulle guise
N'est bon icy, d'autant plus qu'en vos lacs
Vous estes pris : ne vous montrez donc pas,

C'est le moyen d'étouffer cette affaire.
Il est écrit qu'à nul il ne faut faire
Ce qu'on ne veut à soy-mesme estre fait.
Nous ne devons quitter ce cabinet
Que bien à poinct, et tantost, quand cet homme,
Estant au lit, prendra son premier somme.
Selon mon sens, c'est le meilleur party.
A tard viendroit aussi bien la querelle.
N'estes-vous pas cocu plus d'à demy?
Madame Alis au fait a consenty :
Cela suffit : le reste est bagatelle. »
L'époux gousta quelque peu ces raisons.
Sa femme fit quelque peu de façons,
N'ayant le temps d'en faire davantage.
Et puis? Et puis, comme personne sage,
Elle remit sa coeffure en estat.
On n'eust jamais soupçonné ce ménage,
Sans qu'il restoit un certain incarnat
Dessus son teint; mais c'estoit peu de chose;
Dame Fleurette en pouvoit estre cause.
L'une pourtant des tireuses de vin
De luy sourire au retour ne fit faute :
Ce fut la peintre. On se remit en train :
On releva grillades et festin;
On but encore à la santé de l'hoste,
Et de l'hostesse, et de celle des trois
Qui la premiere auroit quelque avanture.
Le vin manqua pour la seconde fois.
L'hostesse, adroite et fine creature,
Soustient toûjours qu'il revient des esprits
Chez les voisins. Ainsi madame Alis
Servit d'escorte. Entendez que la dame
Pour l'autre employ inclinoit en son ame;
Mais on l'emmeine, et par ce moyen-là
De faction Simonette changea.

Celle-cy fait d'abord plus la severe,
Veut suivre l'autre, ou feint le vouloir faire ;
Mais, se sentant par le peintre tirer,
Elle demeure, estant trop mesnagere
Pour se laisser son habit déchirer.
L'epoux, voyant quel train prenoit l'affaire,
Voulut sortir. L'autre luy dit : « Tout doux !
Nous ne voulons sur vous nul avantage.
C'est bien raison que Messer Cocuage
Sur son estat vous couche ainsi que nous :
Sommes-nous pas compagnons de fortune ?
Puisque le peintre en a caressé l'une,
L'autre doit suivre. Il faut, bon gré, mal gré,
Qu'elle entre en danse ; et, s'il est necessaire,
Je m'offriray de luy tenir le pied :
Vouliez ou non, elle aura son affaire. »
Elle l'eut donc : nostre peintre y pourveut
Tout de son mieux; aussi le valoit-elle.
Cette derniere eut ce qu'il luy falut ;
On en donna le loisir à la belle.
Quand le vin fut de retour, on conclut
Qu'il ne faloit s'atabler davantage.
Il estoit tard, et le peintre avoit fait
Pour ce jour-là suffisamment d'ouvrage.
On dit bon soir. Le drosle satisfait
Se met au lit : nos gens sortent de cage.
L'hostesse alla tirer du cabinet
Les regardans, honteux, mal-contens d'elle,
Cocus de plus. Le pis de leur méchef
Fut qu'aucun d'eux ne pust venir à chef
De son dessein, ny rendre à la donzelle
Ce qu'elle avoit à leurs femmes presté ;
Par consequent c'est fait ; j'ay tout conté.

IV. — LA COUPE ENCHANTÉE

Nouvelle tirée de l'Arioste.

Les maux les plus cruels ne sont que des chansons
Prés de ceux qu'aux maris cause la jalousie.
Figurez-vous un fou chez qui tous les soupçons
    Sont bien venus, quoy qu'on luy die.
Il n'a pas un moment de repos en sa vie :
Si l'oreille luy tinte, ô Dieux ! tout est perdu.
Ses songes sont toûjours que l'on le fait cocu.
    Pourvû qu'il songe, c'est l'affaire :
Je ne vous voudrois pas un tel point garantir ;
    Car pour songer il faut dormir,
    Et les jaloux ne dorment guere.
Le moindre bruit éveille un mary soupçonneux ;
Qu'alentour de sa femme une mouche bourdonne,
    C'est Cocuage qu'en personne
    Il a vû de ses propres yeux,
Si bien vû que l'erreur n'en peut estre effacée.
Il veut à toute force estre au nombre des sots.
Il se maintient cocu, du moins de la pensée,
    S'il ne l'est en chair et en os.
Pauvres gens, dites-moy, qu'est-ce que cocuage ?
    Quel tort vous fait-il ? quel dommage ?
Qu'est-ce enfin que ce mal dont tant de gens de bien
    Se moquent avec juste cause ?
    Quand on l'ignore, ce n'est rien,
    Quand on le sçait, c'est peu de chose.
Vous croyez cependant que c'est un fort grand cas :
Tâchez donc d'en douter, et ne ressemblez pas
A celuy-là qui bût dans la Coupe enchantée.
    Profitez du mal-heur d'autruy.

Si cette histoire peut soulager vostre ennuy,
  Je vous l'auray bien tost contée.

  Mais je vous veux premierement
  Prouver par bon raisonnement
Que ce mal, dont la peur vous mine et vous consume,
N'est mal qu'en vostre idée, et non point dans l'effet :
  En mettez-vous vostre bonnet
  Moins aisément que de coustume ?
  Cela s'en va-t-il pas tout net ?
Voyez-vous qu'il en reste une seule apparence,
Une tache qui nuise à vos plaisirs secrets ?
Ne retrouvez-vous pas toûjours les mesmes traits ?
Vous appercevez-vous d'aucune difference ?
  Je tire donc ma consequence,
Et dis, malgré le peuple ignorant et brutal :
  Cocuage n'est point un mal.

  Ouy, mais l'honneur est une estrange affaire !
Qui vous soustient que non ? Ay-je dit le contraire ?
Et bien ! l'honneur, l'honneur ! je n'entends que ce mot.
Apprenez qu'à Paris ce n'est pas comme à Rome ;
Le cocu qui s'afflige y passe pour un sot,
Et le cocu qui rit, pour un fort honneste homme :
Quand on prend comme il faut cet accident fatal,
  Cocuage n'est point un mal.

Prouvons que c'est un bien : la chose est fort facile.
Tout vous rit, vostre femme est souple comme un gan ;
Et vous pourriez avoir vingt mignonnes en ville,
Qu'on n'en sonneroit pas deux mots en tout un an,
  Quand vous parlez, c'est dit notable ;
  On vous met le premier à table :
  C'est pour vous la place d'honneur,
  Pour vous le morceau du seigneur ;

Heureux qui vous le sert! la blondine chiorme
Afin de vous gagner n'épargne aucun moyen :
Vous estes le patron, dont je conclus en forme :
    Cocuage est un bien.

Quand vous perdez au jeu, l'on vous donne revanche ;
Mesme vostre homme escarte et ses As et ses Rois.
Avez-vous sur les bras quelque Monsieur Dimanche,
Mille bourses vous sont ouvertes à la fois.
Ajoutez que l'on tient vostre femme en haleine,
Elle n'en vaut que mieux, n'en a que plus d'appas :
Menelas rencontra des charmes dans Helene
Qu'avant qu'estre à Pâris la belle n'avoit pas.
Ainsi de vostre épouse : on veut qu'elle vous plaise.
Qui dit prude, au contraire, il dit laide ou mauvaise,
Incapable en amour d'apprendre jamais rien.
Pour toutes ces raisons je persiste en ma these :
    Cocuage est un bien.

Si ce prologue est long, la matiere en est cause :
Ce n'est pas en passant qu'on traite cette chose.
Venons à nostre histoire. Il estoit un Quidam,
Dont je tairay le nom, l'estat et la patrie :
    Celuy-cy, de peur d'accident,
      Avoit juré que de sa vie
Femme ne luy seroit autre que bonne amie,
Nimphe si vous voulez, bergere, et cetera ;
Pour épouse, jamais il n'en vint jusques-là.
S'il eut tort ou raison, c'est un poinct que je passe.
Quoy qu'il en soit, Hymen n'ayant pû trouver grace
   Devant cet homme, il falut que l'amour
    Se meslât seul de ses affaires,
Eust soin de le fournir des choses necessaires,
   Soit pour la nuit, soit pour le jour.
Il lui procura donc les faveurs d'une belle,

Qui d'une fille naturelle
Le fit pere, et mourut : le pauvre homme en pleura,
Se plaignit, gemit, soûpira,
Non comme qui perdroit sa femme,
Tel deuil n'est bien souvent que changement d'habits,
Mais comme qui perdroit tous ses meilleurs amis,
Son plaisir, son cœur et son ame.
La fille crust, se fit ; on pouvoit déjà voir
Hausser et baisser son mouchoir.
Le temps coule ; on n'est pas si-tost à la bavette
Qu'on trotte, qu'on raisonne, on devient grandelette,
Puis grande tout à fait, et puis le serviteur.
Le pere avec raison eut peur
Que sa fille, chassant de race,
Ne le previnst, et ne previnst encor
Prestre, notaire, Himen, accord,
Choses qui d'ordinaire ostent toute la grace
Au present que l'on fait de soy.
La laisser sur sa bonne foy,
Ce n'estoit pas chose trop sûre.
Il vous mit donc la creature
Dans un couvent : là, cette belle apprit
Ce qu'on apprend, à manier l'éguille.
Point de ces livres qu'une fille
Ne lit qu'avec danger, et qui gastent l'esprit :
Le langage d'amour estoit jargon pour elle.
On n'eust sû tirer de la belle
Un seul mot que de sainteté.
En spiritualité
Elle auroit confondu le plus grand personnage.
Si l'une des nonains la louoit de beauté,
« Mon Dieu, fi ! disoit-elle ; ah ! ma sœur, soyez sage :
Ne considerez point des traits qui periront :
C'est terre que cela, les vers le mangeront. »
Au reste, elle n'avoit au monde sa pareille

A manier un cannevas,
Filoit mieux que Cloton, brodoit mieux que Pallas,
Tapissoit mieux qu'Arachne, et mainte autre merveille.
Sa sagesse, son bien, le bruit de ses beautez,
Mais le bien plus que tout, y fit mettre la presse ;
Car la belle estoit là comme en lieux empruntez,
 Attendant mieux, ainsi que l'on y laisse
  Les bons partis, qui vont souvent
  Au moustier sortant du couvent.
Vous sçaurez que le pere avoit long-temps devant
  Cette fille legitimée ;
Caliste (c'est le nom de nostre Renfermée)
N'eut pas la clef des champs, qu'adieu les livres saints.
  Il se présenta des blondins,
  De bons bourgeois, des paladins,
Des gens de tous estats, de tout poil, de tout âge.
La belle en choisit un, bien fait, beau personnage,
 D'humeur commode, à ce qu'il luy sembla ;
Et pour gendre aussi-tost le pere l'agrea.
 La dot fut ample ; ample fut le douaire :
La fille estoit unique, et le garçon aussi.
Mais ce ne fut pas là le meilleur de l'affaire ;
  Les mariez n'avoient souci
  Que de s'aimer et de se plaire.
Deux ans de paradis s'estant passez ainsi,
  L'enfer des enfers vint en suite.
Une jalouse humeur saisit soudainement
  Nostre époux, qui fort sottement
S'alla mettre en l'esprit de craindre la poursuite
D'un amant, qui sans luy se seroit morfondu.
  Sans luy le pauvre homme eust perdu
  Son temps à l'entour de la dame
Quoy que pour la gagner il tentast tout moyen.
Que doit faire un mary quand on aime sa femme ?
   Rien.

Voicy pourquoy je luy conseille
De dormir, s'il se peut, d'un et d'autre costé.
 Si le galant est escouté,
Vos soins ne feront pas qu'on luy ferme l'oreille.
Quant à l'occasion, cent pour une. Mais si
Des discours du blondin la belle n'a souci,
Vous le luy faites naître, et la chance se tourne.
 Volontiers où soupçon sejourne,
 Cocuage sejourne aussi.

Damon, c'est nostre époux, ne comprit pas ceci.
Je l'excuse et le plains, d'autant plus que l'ombrage
 Luy vint par conseil seulement.
 Il eust fait un trait d'homme sage,
 S'il n'eust crû que son mouvement.
 Vous allez entendre comment.

  L'Enchanteresse Nerie
  Fleurissoit lors ; et Circé,
  Au prix d'elle, en diablerie
  N'eust esté qu'à l'A. B. C.
  Car Nerie eut à ses gages
  Les Intendans des Orages,
  Et tint le destin lié.
  Les Zephyrs estoient ses pages ;
  Quant à ses valets de pied,
  C'estoient Messieurs les Borées,
  Qui portoient par les contrées
  Ses mandats souventes-fois,
  Gens dispos, mais peu courtois.

 Avec toute sa science,
Elle ne put trouver de remede à l'amour :
Damon la captiva : celle dont la puissance
 Eust arresté l'astre du jour

Brûle pour un mortel, qu'en vain elle souhaite
Posseder une nuit à son contentement.
Si Nerie eust voulu des baisers seulement,
   C'estoit une affaire faite ;
Mais elle alloit au poinct, et ne marchandoit pas.
  Damon, quoy qu'elle eust des appas,
Ne pouvoit se resoudre à fausser la promesse
   D'estre fidelle à sa moitié,
   Et vouloit que l'enchanteresse
   Se tinst aux marques d'amitié.

Où sont-ils ces maris ? la race en est cessée ;
Et mesme je ne sçay si jamais on en vid.
L'histoire en cet endroit est, selon ma pensée,
  Un peu sujette à contredit.
L'Hipogrife n'a rien qui me choque l'esprit,
  Non plus que la lance enchantée,
Mais ceci, c'est un poinct qui d'abord me surprit;
Il passera pourtant : j'en ay fait passer d'autres.
Les gens d'alors estoient d'autres gens que les nostres ;
  On ne vivoit pas comme on vit.

Pour venir à ses fins, l'amoureuse Nerie
  Employa philtres et brevets,
Eut recours aux regards remplis d'affeterie ;
  Enfin n'omit aucuns secrets.
Damon à ces ressorts opposoit l'Himenée.
  Nerie en fut fort estonnée.
Elle luy dit un jour : « Vostre fidelité
Vous paroist heroïque et digne de louange;
Mais je voudrois sçavoir comment de son costé
Caliste en use, et luy rendre le change.
Quoy donc, si vostre femme avoit un favory,
Vous feriez l'homme chaste auprés d'une maistresse ?
Et pendant que Caliste, attrapant son mary,

Pousseroit jusqu'au bout ce qu'on nomme tendresse,
    Vous n'iriez qu'à moitié chemin ?
  Je vous croyois beaucoup plus fin,
Et ne vous tenois pas homme de mariage.
Laissez les bons bourgeois se plaire en leur ménage ;
C'est pour eux seuls qu'Himen fit les plaisirs permis.
Mais vous, ne pas chercher ce qu'amour a d'exquis !
Les plaisirs deffendus n'auront rien qui vous pique,
Et vous les bannirez de vostre republique !
Non, non, je veux qu'ils soient desormais vos amis.
    Faites-en seulement l'épreuve ;
Ils vous feront trouver Caliste toute neuve
    Quand vous reviendrez au logis.
Apprenez tout au moins si vostre femme est chaste.
    Je trouve qu'un certain Eraste
    Va chez vous fort assidument.
    —Seroit-ce en qualité d'amant,
  Reprit Damon, qu'Eraste nous visite ?
Il est trop mon amy pour toucher ce point-là.
    —Vostre amy tant qu'il vous plaira,
    Dit Nerie honteuse et depite,
Caliste a des appas, Eraste a du merite ;
Du costé de l'adresse il ne leur manque rien ;
    Tout cela s'accommode bien. »

Ce discours porta coup, et fit songer nostre homme.
Une épouse fringante et jeune, et dans son feu,
    Et prenant plaisir à ce jeu
    Qu'il n'est pas besoin que je nomme :
Un personnage expert aux choses de l'amour,
    Hardy comme un homme de Cour,
Bien-fait, et promettant beaucoup de sa personne :
Où Damon jusqu'alors avoit-il mis ses yeux ?
Car d'amis ! Moquez-vous ; c'est une bagatelle.
    En est-il de religieux .

Jusqu'à desemparer alors que la donzelle
Montre à demy son sein, sort du lit un bras blanc
Se tourne, s'inquiete, et regarde un galant
    En cent façons de qui la moins friponne
Veut dire : Il y fait bon, l'heure du berger sonne ;
    Estes-vous sourd ? Damon a dans l'esprit
Que tout cela s'est fait, du moins qu'il s'est pû faire.
Sur ce beau fondement le pauvre homme bâtit
    Maint ombrage et mainte chimere.
    Nerie en a bien-tost le vent,
    Et pour tourner en certitude
    Le soupçon et l'inquietude
Dont Damon s'est coiffé si mal-heureusement,
    L'Enchanteresse luy propose
        Une chose ;
    C'est de se frotter le poignet
D'une eau dont les sorciers ont trouvé le secret,
Et qu'ils appellent l'eau de la metamorphose,
    Ou des miracles autrement.
    Cette drogue en moins d'un moment
Luy donneroit d'Eraste et l'air et le visage,
    Et le maintien et le corsage,
Et la voix ; et Damon, sous ce feint personnage,
Pourroit voir si Caliste en viendroit à l'effet.
    Damon n'attend pas davantage.
Il se frote, il devient l'Eraste le mieux fait
    Que la nature ait jamais fait.

    En cet estat il va trouver sa femme,
Met la fleurette au vent, et, cachant son ennuy :
    « Que vous estes belle aujourd'huy !
    Luy dit-il : Qu'avez-vous, Madame,
Qui vous donne cet air d'un vray jour de Printemps? »
Caliste, qui sçavoit les propos des Amans
    Tourna la chose en raillerie

Damon changea de baterie.
Pleurs et soûpirs furent tentez,
Et pleurs et soûpirs rebutez.
Caliste estoit un roc ; rien n'émouvoit la belle.
Pour derniere machine, à la fin nostre epoux
Proposa de l'argent, et la somme fut telle
  Qu'on ne s'en mit point en courroux.
  La quantité rend excusable.
  Caliste enfin l'inexpugnable
  Commença d'écouter raison ;
Sa chasteté plia ; car comment tenir bon
  Contre ce dernier adversaire ?
Si tout ne s'ensuivit, il ne tint qu'à Damon,
  L'argent en auroit fait l'affaire.
  Et quelle affaire ne fait point
Ce bien-heureux métal, l'argent maistre du monde ?
Soyez beau, bien-disant, ayez perruque blonde,
  N'omettez un seul petit poinct ;
Un financier viendra qui sur vostre moustache
Enlevera la belle, et dés le premier jour
  Il fera present du panache ;
Vous languirez encore après un an d'amour.

L'argent sceut donc fléchir ce cœur inexorable.
Le rocher disparut : un mouton succeda ;
  Un mouton qui s'accommoda
A tout ce qu'on voulut, mouton doux et traitable,
Mouton qui sur le poinct de ne rien refuser,
  Donna pour arrhes un baiser.
L'epoux ne voulut pas pousser plus loin la chose,
Ny de sa propre honte estre luy-mesme cause.
Il reprint donc sa forme, et dit à sa moitié :
« Ah ! Caliste, autrefois de Damon si cherie,
Caliste, que j'aimay cent fois plus que ma vie,
Caliste, qui m'aimas d'une ardente amitié,

L'argent t'est-il plus cher qu'une union si belle ?
Je devrois dans ton sang éteindre ce forfait :
Je ne puis, et je t'aime encor tout infidelle :
Ma mort seule expiera le tort que tu m'as fait. »

Nostre épouse, voyant cette metamorphose,
Demeura bien surprise ; elle dit peu de chose :
    Les pleurs furent son seul recours.
    Le mary passa quelques jours
    A raisonner sur cette affaire :
    Un cocu se pouvoit-il faire
Par la volonté seule et sans venir au poinct ?
    L'estoit-il ? ne l'estoit-il point ?
Cette difficulté fut encore éclaircie
    Par Nerie.
« Si vous estes, dit-elle, en doute de cela,
    Beuvez dans cette coupe-là :
On la fit par tel art que dés qu'un personnage
    Dûment atteint de cocuage
Y veut porter la lévre, aussi-tost tout s'en va ;
Il n'en avale rien, et répand le breuvage
Sur son sein, sur sa barbe et sur son vestement.
Que s'il n'est point censé cocu suffisamment,
    Il boit tout sans répandre goute. »
    Damon pour éclaircir son doute
Porte la lèvre au vase : il ne se répand rien.
« C'est, dit-il, réconfort ; et pourtant je sçais bien
Qu'il n'a tenu qu'à moy. Qu'ay-je affaire de coupe ?
    Faites-moy place en vostre troupe,
Messieurs de la grand' bande.» Ainsi disoit Damon,
Faisant à sa femelle un étrange sermon.
Misérables humains, si pour des cocuages
Il faut en ces païs faire tant de façon,
    Allons-nous-en chez les sauvages.

Damon, de peur de pis, établit des Argus

A l'entour de sa femme, et la rendit coquette.
  Quand les galands sont défendus,
  C'est alors que l'on les souhaite.
Le mal-heureux époux s'informe, s'inquiete,
Et de tout son pouvoir court au devant d'un mal
Que la peur bien souvent rend aux hommes fatal.
De quart-d'heure en quart-d'heure il consulte la tasse.
  Il y boit huit jours sans disgrace.
  Mais à la fin il y boit tant,
  Que le breuvage se répand.
Ce fut bien là le comble. O science fatale,
Science que Damon eust bien fait d'éviter !
Il jette de fureur cette coupe infernale.
Luy-mesme est sur le point de se précipiter.
Il enferme sa femme en une tour quarrée
Luy va soir et matin reprocher son forfait :
Cette honte qu'auroit le silence enterrée,
Court le païs, et vit du vacarme qu'il fait.

Caliste cependant meine une triste vie.
Comme on ne luy laissoit argent ny pierrerie,
Le geolier fut fidelle ; elle eut beau le tenter.
  Enfin la pauvre mal-heureuse
Prend son temps que Damon, plein d'ardeur amou-
  Estoit d'humeur à l'écouter.   [reuse
« J'ay, dit-elle, commis un crime inexcusable :
Mais quoy, suis-je la seule ? helas, non ; peu d'époux
Sont exempts, ce dit-on, d'un accident semblable.
Que le moins entaché se moque un peu de vous.
  Pourquoy donc estre inconsolable ?
— Hé bien, reprit Damon, je me consoleray,
  Et mesme vous pardonneray,
  Tout incontinent que j'auray
Trouvé de mes pareils une telle legende
Qu'il s'en puisse former une armée assez grande

Pour s'appeler Royale. Il ne faut qu'employer
Le vase qui me sceut vos secrets reveler. »

Le mary sans tarder executant la chose,
Attire les passans, tient table en son château.
Sur la fin des repas, à chacun il propose
L'essay de cette coupe, essay rare et nouveau.
« Ma femme, leur dit-il, m'a quitté pour un autre.
  Voulez-vous sçavoir si la vostre
 Vous est fidelle? Il est quelquefois bon
D'apprendre comme tout se passe à la maison ;
En voicy le moyen : buvez dans cette tasse.
  Si vostre femme de sa grace
  Ne vous donne aucun suffragant,
  Vous ne répandrez nullement.
  Mais si du Dieu nommé Vulcan
Vous suivez la baniere, estant de nos confreres
  En ces redoutables mysteres,
  De part et d'autre la boisson
  Coulera sur vostre menton. »

Autant qu'il s'en rencontre à qui Damon propose
  Cette pernicieuse chose,
Autant en font l'essay : presque tous y sont pris.
Tel en rit, tel en pleure, et selon les esprits ;
  Cocuage en plus d'une sorte
  Tient sa morgue parmy ses gens.
  Déjà l'armée est assez forte
  Pour faire corps, et battre aux champs.
  La voila tantost qui menace
  Gouverneurs de petite place,
  Et leur dit qu'ils seront pendus
  Si de tenir ils ont l'audace :
Car pour estre royale il ne luy manque plus
  Que peu de gens : c'est une affaire

Que deux ou trois mois peuvent faire.
Le nombre croist de jour en jour
Sans que l'on batte le tambour.
Les differens degrez où monte Cocuage
Reglent le pas et les employs :
Ceux qu'il n'a visité seulement qu'une fois
Sont fantassins pour tout potage.
On fait les autres cavaliers.
Quiconque est de ses familiers,
On ne manque pas de l'élire
Ou capitaine, ou lieutenant,
Ou l'on luy donne un regiment,
Selon qu'entre les mains du sire
Ou plus ou moins subitement
La liqueur du vase s'épand.
Un versa tout en un moment :
Il fut fait general ; et croyez que l'armée
De hauts officiers ne manqua :
Plus d'un intendant se trouva ;
Cette charge fut partagée.

Le nombre des soldats estant presque complet,
Et plus que suffisant pour se mettre en campagne ;
Renaud, neveu de Charlemagne,
Passe par ce chasteau : l'on l'y traite à souhait :
Puis le seigneur du lieu luy fait
Mesme harangue qu'à la troupe.
Renaud dit à Damon : « Granmercy de la coupe :
Je crois ma femme chaste, et cette foy suffit.
Quand la coupe me l'aura dit,
Que m'en reviendra-t-il ? Cela sera-t-il cause
De me faire dormir de plus que de deux yeux ?
Je dors d'autant, graces aux Dieux :
Puis-je demander autre chose ?
Que sçay-je ? par hazard si le vin s'épandoit ?

Si je ne tenois pas vostre vase assez droit ?
  Je suis quelquefois maladroit :
Si cette coupe enfin me prenoit pour un autre ?
  Messire Damon, je suis vostre :
  Commandez-moy tout, hors ce poinct.»
Ainsi Renaud partit, et ne hazarda point.
Damon dit : « Celuy-cy, Messieurs, est bien plus sage
Que nous n'avons esté : consolons-nous pourtant :
Nous avons des pareils ; c'est un grand avantage. »
  Il s'en rencontra tant et tant,
Que l'armée à la fin royale devenue,
Caliste eut liberté, selon le convenant,
  Par son mary chere tenue
  Tout de mesme qu'auparavant.

  Epoux, Renaud vous montre à vivre.
  Pour Damon, gardez de le suivre.
Peut-estre le premier eust eu charge de l'ost :
Que sçait-on ? Nul mortel, soit Roland, soit Renaud,
Du danger de répandre exempt ne se peut croire.
Charlemagne luy-mesme auroit eu tort de boire.

V. — LE FAUCON

Nouvelle tirée de Bocace.

Je me souviens d'avoir damné jadis
L'amant avare ; et je ne m'en dédis.
Si la raison des contraires est bonne,
Le liberal doit estre en paradis :
Je m'en rapporte à Messieurs de Sorbonne.
Il estoit donc autrefois un amant

Qui dans Florence aima certaine femme.
Comment aimer ? c'estoit si follement,
Que, pour luy plaire, il eust vendu son ame.
S'agissoit-il de divertir la dame,
A pleines mains il vous jettoit l'argent,
Sçachant tres-bien qu'en amour comme en guerre
On ne doit plaindre un métail qui fait tout,
Renverse murs, jette portes par terre,
N'entreprend rien dont il ne vienne à bout ;
Fait taire chiens, et, quand il veut, servantes,
Et, quand il veut, les rend plus éloquentes
Que Ciceron, et mieux persuadantes :
Bref, ne voudroit avoir laissé debout
Aucune place, et tant forte fust-elle.
Si laissa-t-il sur ses pieds nostre belle.
Elle tint bon ; Federic échoua
Prés de ce roc, et le nez s'y cassa ;
Sans fruit aucun vendit et fricassa
Tout son avoir ; comme l'on pourroit dire
Belles Comtez, beaux Marquisats de Dieu,
Qu'il possedoit en plus et plus d'un lieu.
Avant qu'aimer on l'appeloit Messire
A longue queue ; enfin, grace à l'Amour,
Il ne fut plus que Messire tout court.
Rien ne resta qu'une ferme au pauvre homme,
Et peu d'amis ; mesme amis Dieu sçait comme.
Le plus zelé de tout se contenta,
Comme chacun, de dire c'est dommage.
Chacun le dit, et chacun s'en tint là :
Car de prester, à moins que sur bon gage,
Point de nouvelle : on oublia les dons,
Et le merite, et les belles raisons
De Federic, et sa premiere vie.
Le Protestant de Madame Clitie
N'eut du credit qu'autant qu'il eut du fonds.

Tant qu'il dura, le bal, la comedie
Ne manqua point à cet heureux objet :
De maints tournois elle fut le sujet ;
Faisant gagner marchands de toutes guises,
Faiseurs d'habits et faiseurs de devises,
Musiciens, gens du sacré valon :
Federic eut à sa table Apollon.
Femme n'estoit ny fille dans Florence
Qui n'employast, pour débaucher le cœur
Du cavalier, l'une un mot suborneur,
L'autre un coup d'œil, l'autre quelqu'autre avance :
Mais tout cela ne faisoit que blanchir.
Il aimoit mieux Clitie inexorable
Qu'il n'auroit fait Helene favorable.
Conclusion, qu'il ne la put fléchir.
Or, en ce train de dépense effroyable,
Il envoya les Marquisats au diable
Premierement ; puis en vint aux Comtez,
Titres par luy plus qu'aucuns regretez,
Et dont alors on faisoit plus de conte.
De-là les monts chacun veut estre Comte,
Icy Marquis, Baron peut estre ailleurs.
Je ne sçay pas lesquels sont les meilleurs ;
Mais je sçay bien qu'avecque la patente
De ces beaux noms on s'en aille au marché,
L'on reviendra comme on estoit allé :
Prenez le titre, et laissez-moy la rente.
Clitie avoit aussi beaucoup de bien,
Son mary mesme estoit grand terrien.
Ainsi jamais la belle ne prit rien,
Argent ny dons, mais souffrit la dépense
Et les cadeaux, sans croire pour cela
Estre obligée à nulle recompense.
S'il m'en souvient, j'ay dit qu'il ne resta
Au pauvre amant rien qu'une métairie,

Chetive encor, et pauvrement bastie.
Là Federic alla se confiner,
Honteux qu'on vist sa misere en Florence ;
Honteux encor de n'avoir sceu gagner,
Ny par amour, ny par magnificence,
Ny par six ans de devoirs et de soins,
Une beauté qu'il n'en aimoit pas moins.
Il s'en prenoit à son peu de merite,
Non à Clitie ; elle n'oüit jamais,
Ny pour froideurs, ny pour autres sujets,
Plainte de luy ny grande ny petite.
Nostre amoureux subsista comme il put
Dans sa retraite, où le pauvre homme n'eut
Pour le servir qu'une vieille édentée,
Cuisine froide et fort peu frequentée ;
A l'écurie un cheval assez bon,
Mais non pas fin : sur la perche un Faucon
Dont à l'entour de cette métairie
Défunt Marquis s'en alloit, sans valets,
Sacrifiant à sa mélancolie
Mainte perdrix, qui, las ! ne pouvoit mais
Des cruautez de Madame Clitie.
Ainsi vivoit le mal-heureux amant ;
Sage s'il eust, en perdant sa fortune,
Perdu l'amour qui l'alloit consumant ;
Mais de ses feux la memoire importune
Le talonnoit ; toûjours un double ennuy
Alloit en croupe à la chasse avec luy.
Mort vint saisir le mary de Clitie.
Comme ils n'avoient qu'un fils pour tous enfans,
Fils n'ayant pas pour un pouce de vie,
Et que l'époux, dont les biens estoient grands,
Avoit toûjours consideré sa femme,
Par testament il declare la dame
Son heritiere, arrivant le deceds

De l'enfançon, qui peu de temps aprés
Devint malade. On sçait que d'ordinaire
A ses enfans mere ne sçait que faire
Pour leur montrer l'amour qu'elle a pour eux ;
Zele souvent aux enfans dangereux.
Celle-cy, tendre et fort passionnée,
Autour du sien est toute la journée,
Luy demandant ce qu'il veut, ce qu'il a ;
S'il mangeroit volontiers de cela,
Si ce jouet, enfin si cette chose
Est à son gré. Quoy que l'on luy propose
Il le refuse ; et pour toute raison
Il dit qu'il veut seulement le Faucon
De Federic ; pleure et meine une vie
A faire gens de bon cœur detester :
Ce qu'un enfant a dans la fantaisie
Incontinent il faut l'executer,
Si l'on ne veut l'ouïr toûjours crier.
Or il est bon de sçavoir que Clitie
A cinq cens pas de cette métairie,
Avoit du bien, possedoit un chasteau :
Ainsi l'enfant avoit pu de l'oyseau
Ouïr parler : on en disoit merveilles ;
On en contoit des choses nompareilles :
Que devant luy jamais une perdrix
Ne se sauvoit, et qu'il en avoit pris
Tant ce matin, tant cette apresdinée ;
Son maistre n'eust donné pour un tresor
Un tel Faucon. Qui fut bien empeschée,
Ce fut Clitie. Aller oster encor
A Federic l'unique et seule chose
Qui luy restoit ! et supposé qu'elle ose
Luy demander ce qu'il a pour tout bien,
Auprés de luy meritoit-elle rien ?
Elle l'avoit payé d'ingratitude :

Point de faveurs ; toûjours hautaine et rude
En son endroit. De quel front s'en aller
Aprés cela le voir et luy parler,
Ayant esté cause de sa ruine ?
D'autre costé, l'enfant s'en va mourir,
Refuse tout, tient tout pour medecine :
Afin qu'il mange il faut l'entretenir
De ce Faucon : il se tourmente, il crie :
S'il n'a l'oiseau, c'est fait que de sa vie.
Ces raisons-cy l'emporteront enfin.
Chez Federic la dame un beau matin
S'en va sans suite et sans nul équipage.
Federic prend pour un ange des Cieux
Celle qui vient d'apparoistre à ses yeux.
Mais cependant, il a honte, il enrage,
De n'avoir pas chez soy pour luy donner
Tant seulement un mal-heureux disner.
Le pauvre estat où sa dame le treuve
Le rend confus. Il dit donc à la veuve :
« Quoy ! venir voir le plus humble de ceux
Que vos beautez ont rendus amoureux !
Un villageois, un haire, un miserable !
C'est trop d'honneur ; vostre bonté m'accable.
Assurément vous alliez autre part. »
A ce propos nostre veuve repart :
« Non, non, Seigneur, c'est pour vous la visite.
Je viens manger avec vous ce matin.
—Je n'ay, dit-il, cuisinier ny marmite :
Que vous donner ?—N'avez-vous pas du pain ? »
Reprit la dame. Incontinent luy-mesme
Il va chercher quelque œuf au poulailler,
Quelque morceau de lard en son grenier.
Le pauvre amant en ce besoin extreme
Void son Faucon, sans raisonner le prend,
Luy tord le cou, le plume, le fricasse,

Et l'assaisonne, et court de place en place.
Tandis la vieille a soin du demeurant,
Fouille au bahu, choisit pour cette feste
Ce qu'ils avoient de linge plus honneste,
Met le couvert, va cueillir au jardin
Du serpolet, un peu de romarin,
Cinq ou six fleurs, dont la table est jonchée.
Pour abreger, on sert la fricassée.
La dame en mange, et feint d'y prendre goust.
Le repas fait, cette femme resoud
De hazarder l'incivile requeste,
Et parle ainsi : « Je suis folle, Seigneur,
De m'en venir vous arracher le cœur
Encore un coup ; il ne m'est guere honneste
De demander à mon défunt amant
L'oiseau qui fait son seul contentement :
Doit-il pour moy s'en priver un moment?
Mais excusez une mere affligée,
Mon fils se meurt : il veut vostre Faucon :
Mon procedé ne merite un tel don :
La raison veut que je sois refusée.
Je ne vous ay jamais accordé rien.
Vostre repos, vostre honneur, vostre bien,
S'en sont allez aux plaisirs de Clitie.
Vous m'aimiez plus que vostre propre vie :
A cet amour j'ay trés-mal répondu,
Et je m'en viens, pour comble d'injustice,
Vous demander... et quoy? c'est temps perdu...
Vostre Faucon. Mais non, plustost perisse
L'enfant, la mere, avec le demeurant,
Que de vous faire un déplaisir si grand.
Souffrez sans plus que cette triste mere,
Aimant d'amour la chose la plus chere
Que jamais femme au monde puisse avoir,
Un fils unique, une unique espérance,

S'en vienne au moins s'acquitter du devoir
De la nature, et pour toute allegeance
En votre sein décharge sa douleur.
Vous sçavez bien par vostre experience
Que c'est d'aimer, vous le sçavez, Seigneur.
Ainsi je crois trouver chez vous excuse.
— Helas ! reprit l'Amant infortuné,
L'oiseau n'est plus ; vous en avez disné.
— L'oiseau n'est plus ! dit la veuve confuse.
— Non, reprit-il ; plust au Ciel vous avoir
Servy mon cœur, et qu'il eust pris la place
De ce Faucon : mais le sort me fait voir
Qu'il ne sera jamais en mon pouvoir
De meriter de vous aucune grace.
En mon pailler rien ne m'estoit resté :
Depuis deux jours la beste a tout mangé ;
J'ay veu l'oiseau ; je l'ay tué sans peine :
Rien couste-t-il quand on reçoit sa Reine ?
Ce que je puis pour vous est de chercher
Un bon Faucon ; ce n'est chose si rare
Que dés demain nous n'en puissions trouver.
— Non, Federic, dit-elle, je declare
Que c'est assez. Vous ne m'avez jamais
De vostre amour donné plus grande marque.
Que mon fils soit enlevé par la Parque
Ou que le Ciel le rende à mes souhaits,
J'auray pour vous de la reconnoissance.
Venez me voir, donnez m'en l'esperance.
Encore un coup, venez nous visiter. »
Elle partit, non sans luy presenter
Une main blanche, unique témoignage
Qu'Amour avoit amolly ce courage.
Le pauvre amant prit la main, la baisa,
Et de ses pleurs quelque temps l'arrosa.
Deux jours après, l'enfant suivit le pere.

Le deuil fut grand : la trop dolente mere
Fit dans l'abord force larmes couler.
Mais, comme il n'est peine d'ame si forte
Qu'il ne s'en faille à la fin consoler,
Deux medecins la traiterent de sorte
Que sa douleur eut un terme assez court ;
L'un fut le Temps, et l'autre fut l'Amour.
On épousa Federic en grand' pompe,
Non seulement par obligation,
Mais, qui plus est, par inclination,
Par amour mesme. Il ne faut qu'on se trompe
A cet exemple, et qu'un pareil espoir
Nous fasse ainsi consumer nostre avoir :
Femmes ne sont toutes reconnoissantes.
A cela prés, ce sont choses charmantes.
Sous le Ciel n'est un plus bel animal.
Je n'y comprens le sexe en general ;
Loin de cela, j'en vois peu d'avenantes.
Pour celles-cy, quand elles sont aymantes,
J'ay les desseins du monde les meilleurs :
Les autres n'ont qu'à se pourvoir ailleurs.

VI. — LA COURTISANNE AMOUREUSE

Le jeune Amour, bien qu'il ait la façon
D'un Dieu qui n'est encor qu'à sa leçon,
Fut de tout temps grand faiseur de miracles.
En gens coquets il change les Catons ;
Par luy les sots deviennent des oracles ;
Par luy les loups deviennent des moutons :
Il fait si bien que l'on n'est plus le mesme :

Témoin Hercule, et témoin Polyphême,
Mangeurs de gens : l'un, sur un roc assis,
Chantoit aux vents ses amoureux soucis,
Et, pour charmer sa Nymphe joliette,
Tailloit sa barbe, et se miroit dans l'eau.
L'autre changea sa massue en fuseau
Pour le plaisir d'une jeune fillette.
J'en dirois cent : Bocace en rapporte un
Dont j'ay trouvé l'exemple peu commun.
C'est de Chimon, jeune homme tout sauvage,
Bien fait de corps, mais ours quant à l'esprit.
Amour le léche, et tant qu'il le polit.
Chimon devint un galand personnage.
Qui fit cela ? deux beaux yeux seulement.
Pour les avoir apperceus un moment,
Encore à peine, et voilez par le somme,
Chimon aima, puis devint honneste homme.
Ce n'est le poinct dont il s'agit icy.
Je veux conter comme une de ces femmes
Qui font plaisir aux enfans sans soucy
Put en son cœur loger d'honnestes flâmes.
Elle estoit fiere et bizarre sur tout :
On ne sçavoit comme en venir à bout.
Rome, c'estoit le lieu de son negoce :
Mettre à ses pieds la Mître avec la Crosse
C'estoit trop peu ; les simples Monseigneurs
N'estoient d'un rang digne de ses faveurs.
Il luy faloit un homme du Conclave,
Et des premiers, et qui fust son esclave ;
Et mesme encore il y profitoit peu,
A moins que d'estre un Cardinal nepveu.
Le Pape enfin, s'il se fut piqué d'elle,
N'auroit esté trop bon pour la donzelle.
De son orgueil ses habits se sentoient.
Force brillans sur sa robe éclatoient,

La chamarure avec la broderie.
Luy voyant faire ainsi la rencherie,
Amour se mit en teste d'abaisser
Ce cœur si haut ; et pour un Gentilhomme
Jeune, bien fait, et des mieux mis de Rome,
Jusques au vif il voulut la blesser.
L'adolescent avoit pour nom Camille,
Elle Constanse. Et bien qu'il fust d'humeur
Douce, traitable, à se prendre facile,
Constanse n'eut si-tost l'amour au cœur,
Que la voila craintive devenue.
Elle n'osa declarer ses desirs
D'autre façon qu'avecque des soûpirs.
Auparavant pudeur ny retenue
Ne l'arrestoient ; mais tout fut bien changé.
Comme on n'eust cru qu'Amour se fust logé
En cœur si fier, Camille n'y prit garde.
Incessamment Constanse le regarde ;
Et puis soûpirs, et puis regards nouveaux ;
Toûjours resveuse au milieu des cadeaux :
Sa beauté mesme y perdit quelque chose ;
Bien-tost le lys l'emporta sur la rose.
Avint qu'un soir Camille regala
De jeunes gens : il eut aussi des femmes.
Constanse en fut. La chose se passa
Joyeusement ; car peu d'entre ces dames
Estoient d'humeur à tenir des propos
De sainteté ny de philosophie.
Constanse seule, estant sourde aux bons mots,
Laissoit railler toute la compagnie.
Le soupé fait, chacun se retira.
Tout dés l'abord Constanse s'éclipsa,
S'allant cacher en certaine ruelle.
Nul n'y prit garde, et l'on crut que chez elle,
Indisposée, ou de mauvaise humeur,

Ou pour affaire, elle estoit retournée.
La Compagnie estant donc retirée,
Camille dit à ses gens, par bon-heur,
Qu'on le laissast, et qu'il vouloit écrire.
Le voila seul, et comme le desire
Celle qui l'aime, et qui ne sçait comment
Ny l'aborder, ny par quel compliment
Elle pourra luy declarer sa flame.
Tremblante enfin, et par necessité
Elle s'en vient. Qui fut bien estonné,
Ce fut Camille : « Hé quoy, dit-il, Madame,
Vous surprenez ainsi vos bons amis ? »
Il la fit seoir, et puis s'estant remis :
« Qui vous croyoit, reprit-il, demeurée ?
Et qui vous a cette cache montrée ?
—L'Amour, » dit-elle. A ce seul mot, sans plus,
Elle rougit, chose que ne font guere
Celles qui sont Prestresses de Venus :
Le vermillon leur vient d'autre maniere.
Camille avoit déja quelque soupçon
Que l'on l'aimoit ; il n'estoit si novice
Qu'il ne connust ses gens à la façon ;
Pour en avoir un plus certain indice,
Et s'égayer, et voir si ce cœur fier
Jusques au bout pourroit s'humilier,
Il fit le froid. Nostre amante en soûpire ;
La violence enfin de son martyre
La fait parler : elle commence ainsi :
« Je ne sçay pas ce que vous allez dire,
De voir Constanse oser venir icy
Vous declarer sa passion extreme.
Je ne sçaurois y penser sans rougir :
Car du mestier de Nymphe me couvrir,
On n'en est plus dés le moment qu'on aime.
Puis, quelle excuse ! helas ! si le passé

Dans vostre esprit pouvoit estre effacé!
Du moins, Camille, excusez ma franchise.
Je vois fort bien que quoy que je vous dise
Je vous déplais. Mon zele me nuira.
Mais nuise ou non, Constanse vous adore :
Méprisez-la, chassez-la, batez-la ;
Si vous pouvez, faites-luy pis encore ;
Elle est à vous. » Alors le jouvenceau :
« Critiquer gens m'est, dit-il, fort nouveau ;
Ce n'est mon fait ; et toutefois, Madame,
Je vous diray tout net que ce discours
Me surprend fort, et que vous n'estes femme
Qui deust ainsi prévenir nos amours.
Outre le sexe, et quelque bienseance
Qu'il faut garder, vous vous estes fait tort.
A quel propos toute cette éloquence ?
Vostre beauté m'eust gagné sans effort
Et de son chef. Je vous le dis encor,
Je n'aime point qu'on me fasse d'avance. »
Ce propos fut à la pauvre Constanse
Un coup de foudre. Elle reprit pourtant :
« J'ay merité ce mauvais traitement ;
Mais ose-t-on vous dire sa pensée ?
Mon procédé ne me nuiroit pas tant
Si ma beauté n'estoit point effacée.
C'est compliment ce que vous m'avez dit,
J'en suis certaine, et lis dans votre esprit ;
Mon peu d'appas n'a rien qui vous engage.
D'où me vient-il ? Je m'en rapporte à vous.
N'est-il pas vray que n'aguere, entre-nous,
A mes attraits chacun rendoit hommage ?
Ils sont esteints, ces dons si précieux :
L'amour que j'ay m'a causé ce dommage ;
Je ne suis plus assez belle à vos yeux.
Si je l'estois, je serois assez sage.

—Nous parlerons tantost de ce poinct-là,
Dit le Galand ; il est tard, et voilà
Minuit qui sonne ; il faut que je me couche. »
Constanse crut qu'elle auroit la moitié
D'un certain lit que d'un œil de pitié
Elle voyoit : mais d'en ouvrir la bouche,
Elle n'osa, de crainte de refus.
Le compagnon, feignant d'estre confus,
Se teut long-temps ; puis dit : « Comment feray-je ?
Je ne me puis tout seul des-habiller.
—Et bien, Monsieur, dit-elle, appelleray-je ?
—Non reprit-il ; gardez-vous d'appeller.
Je ne veux pas qu'en ce lieu l'on vous voye,
Ny qu'en ma chambre une fille de joye
Passe la nuit au sceu de tous mes gens.
—Cela suffit, Monsieur, repartit-elle.
Pour éviter ces inconvéniens,
Je me pourrois cacher en la ruelle :
Mais faisons mieux, et ne laissons venir
Personne icy : l'amoureuse Constanse
Veut aujourd'huy de laquais vous servir :
Accordez-luy pour toute recompense
Cet honneur-là. » Le jeune homme y consent.
Elle s'approche ; elle le déboutonne,
Touchant sans plus à l'habit, et n'osant
Du bout du doigt toucher à la personne.
Ce ne fut tout, elle le déchaussa.
Quoy ! de sa main ! quoy ! Constanse elle-mesme !
Qui fust-ce donc ? Est-ce trop que cela ?
Je voudrois bien déchausser ce que j'aime.
Le compagnon dans le lit se plaça,
Sans la prier d'estre de la partie.
Constanse crut dans le commencement
Qu'il la vouloit éprouver seulement ;
Mais tout cela passoit la raillerie.

Pour en venir au poinct plus important :
« Il fait, dit-elle, un temps froid comme glace ;
Où me coucher ?

CAMILLE.

Par tout où vous voudrez.

CONSTANSE.

Quoy ! sur ce siege ?

CAMILLE.

Et bien ! non ; vous viendrez
Dedans mon lit.

CONSTANSE.

Delacez-moy, de grace.

CAMILLE.

Je ne sçaurois, il fait froid, je suis nu ;
Delacez-vous. »
Nostre Amante ayant veu
Prés du chevet un poignard dans sa gaisne,
Le prend, le tire, et coupe ses habits,
Corps piqué d'or, garnitures de prix,
Ajustemens de Princesse et de Reine.
Ce que les gens en deux mois à grand'peine
Avoient brodé perit en un moment,
Sans regreter ny plaindre aucunement
Ce que le sexe aime plus que sa vie.
Femmes de France, en feriez-vous autant ?
Je crois que non, j'en suis seur, et partant
Cela fut beau sans doute en Italie.
La pauvre amante approche en tapinois,
Croyant tout fait, et que pour cette fois
Aucun bizarre et nouveau stratagême
Ne viendroit plus son aise reculer.
Camille dit : « C'est trop dissimuler ;

Femme qui vient se produire elle-mesme
N'aura jamais de place à mes costez.
Si bon vous semble, allez vous mettre aux pieds. »
Ce fut bien-là qu'une douleur extreme
Saisit la belle, et si lors par hazard
Elle avoit eu dans ses mains le poignard,
C'en estoit fait : elle eust de part en part
Percé son cœur. Toutefois l'esperance
Ne mourut pas encor dans son esprit.
Camille estoit trop connu de Constanse,
Et que ce fust tout de bon qu'il eust dit
Chose si dure et pleine d'insolence,
Luy qui s'estoit jusque-là comporté
En homme doux, civil et sans fierté,
Cela sembloit contre toute apparence.
Elle va donc en travers se placer
Aux pieds du Sire, et d'abord les luy baise ;
Mais point trop fort, de peur de le blesser.
On peut juger si Camille estoit aise.
Quelle victoire ! Avoir mis à ce poinct
Une beauté si superbe et si fiere !
Une beauté ! Je ne la décris point :
Il me faudroit une semaine entiere.
On ne pouvoit reprocher seulement
Que la pasleur à cet objet charmant ;
Pasleur encor dont la cause estoit telle
Qu'elle donnoit du lustre à nostre belle.
Camille donc s'estend, et sur un sein
Pour qui l'yvoire auroit eu de l'envie
Pose ses pieds, et sans ceremonie
Il s'accommode, et se fait un coussin,
Puis feint qu'il cede aux charmes de Morphée.
Par les sanglots nostre amante estouffée
Lasche la bonde aux pleurs cette fois-là.
Ce fut la fin. Camille l'appella

D'un ton de voix qui plut fort à la belle.
« Je suis content, dit-il, de vostre amour :
Venez, venez, Constanse, c'est mon tour. »
Elle se glisse ; et luy s'approchant d'elle :
« M'avez-vous cru si dur et si brutal
Que d'avoir fait tout de bon le severe ?
Dit-il d'abord ; vous me connoissez mal :
Je vous voulois donner lieu de me plaire.
Or bien je sçais le fonds de vostre cœur.
Je suis contant, satisfait, plein de joye,
Comblé d'amour : et que vostre rigueur,
Si bon luy semble à son tour se déploye ;
Elle le peut : usez-en librement.
Je me declare aujourd'huy vostre amant,
Et vostre époux, et ne sçais nulle dame,
De quelque rang et beauté que ce soit,
Qui vous valust pour maistresse et pour femme ;
Car le passé rappeler ne se doit
Entre nous deux. Une chose ay-je à dire :
C'est qu'en secret il nous faut marier.
Il n'est besoin de vous specifier
Pour quel sujet : cela vous doit suffire.
Mesme il est mieux de cette façon là.
Un tel Himen à des Amours ressemble ;
On est époux et galand tout ensemble. »
L'histoire dit que le drosle ajoûta :
« Voulez-vous pas, en attendant le prestre,
A vostre Amant vous fier aujourd'huy ?
Vous le pouvez, je vous réponds de luy ;
Son cœur n'est pas d'un perfide et d'un traître. »
A tout cela Constanse ne dit rien.
C'estoit tout dire : il le reconnut bien,
N'estant Novice en semblables affaires.
Quand au surplus, ce sont de tels mysteres,
Qu'il n'est besoin d'en faire le recit.

Voila comment Constanse réussit.
Or, faites-en, Nymphes, vostre profit.
Amour en a dans son Academie,
Si l'on vouloit venir à l'examen,
Que j'aimerois pour un pareil Himen
Mieux que mainte autre à qui l'on se marie.
Femme qui n'a filé toute sa vie
Tasche à passer bien des choses sans bruit.
Témoin Constanse et tout ce qui s'ensuit,
Noviciat d'épreuves un peu dures :
Elle en receut abondamment le fruit :
Nonnes je sçais qui voudroient chaque nuit
En faire un tel, à toutes avantures.
Ce que possible on ne croira pas vray,
C'est que Camille en caressant la belle
Des dons d'Amour luy fit gouster l'essay.
L'essay ? je faux : Constanse en estoit-elle
Aux Elemens ? Ouy, Constanse en estoit
Aux Elemens : ce que la belle avoit
Pris et donné de plaisir en sa vie,
Conter pour rien jusqu'à lors se devoit :
Pourquoy cela ? Quiconque aime le die.

VII. — NICAISE

Un apprenty marchand estoit,
Qu'avec droit Nicaise on nommoit ;
Garçon trés-neuf, hors sa boutique
Et quelque peu d'arithmetique ;
Garçon novice dans les tours
Qui se pratiquent en amours.

Bons bourgeois du temps de nos peres
S'avisoient tard d'estre bons freres.
Ils n'aprenoient cette leçon
Qu'ayans de la barbe au menton.
Ceux d'aujourd'huy, sans qu'on les flate,
Ont soin de s'y rendre sçavans
Aussi-tost que les autres gens.
Le jouvenceau de vieille-date,
Possible un peu moins avancé,
Par les degrez n'avoit passé.
Quoy qu'il en soit, le pauvre sire
En trés-beau chemin demeura,
Se trouvant court par celuy-là :
C'est par l'esprit que je veux dire.
Une Belle pourtant l'aima :
C'estoit la fille de son Maistre,
Fille aimable autant qu'on peut l'estre,
Et ne tournant autour du pot,
Soit par humeur franche et sincere,
Soit qu'il fust force d'ainsi faire,
Estant tombée aux mains d'un sot.
Quelqu'un de trop de hardiesse
Ira la taxer, et moy non :
Tels procedez ont leur raison.
Lors que l'on aime une Deesse,
Elle fait ces avances-là :
Nostre belle sçavoit cela.
Son esprit, ses traits, sa richesse,
Engageoient beaucoup de jeunesse
A sa recherche : heureux seroit
Celuy d'entre-eux qui cueilleroit,
En nom d'Himen, certaine chose
Qu'à meilleur titre elle promit
Au jouvenceau cy-dessus dit :
Certain Dieu parfois en dispose,

Amour nommé communément.
Il plut à la belle d'élire
Pour ce point l'apprenty marchand.
Bien est vray (car il faut tout dire)
Qu'il estoit trés-bien fait de corps,
Beau, jeune, et frais : ce sont tresors
Que ne méprise aucune dame,
Tant soit son esprit precieux.
Pour une qu'Amour prend par l'ame,
Il en prend mille par les yeux.
Celle-cy donc, des plus galantes,
Par mille choses engageantes
Taschoit d'encourager le gars,
N'estoit chiche de ses regards,
Le pinçoit, luy venoit sousrire,
Sur les yeux luy mettoit la main,
Sur le pied luy marchoit enfin.
A ce langage il ne sceut dire
Autre chose que des soûpirs,
Interpretes de ses desirs.
Tant fut, à ce que dit l'histoire,
De part et d'autre soûpiré,
Que leur feu dûment declaré,
Les jeunes gens, comme on peut croire,
Ne s'épargnerent ny sermens
Ny d'autres poincts bien plus charmans,
Comme baisers à grosse usure,
Le tout sans compte et sans mesure.
Calculateur que fust l'amant,
Brouiller faloit incessamment ;
La chose estoit tant infinie,
Qu'il y faisoit toûjours abus.
Somme toute, il n'y manquoit plus
Qu'une seule ceremonie.
Bon fait aux filles l'épargner.

Ce ne fut pas sans témoigner
Bien du regret, bien de l'envie.
« Par vous, disoit la belle amie,
Je me la veux faire enseigner,
Ou ne la sçavoir de ma vie.
Je la sçauray, je vous promets ;
Tenez-vous certain desormais
De m'avoir pour vostre apprentie.
Je ne puis pour vous que ce poinct.
Je suis franche : n'attendez point
Que par un langage ordinaire
Je vous promette de me faire
Religieuse, à moins qu'un jour
L'Himen ne suive nostre amour.
Cet Himen seroit bien mon conte,
N'en doutez point ; mais le moyen ?
Vous m'aimez trop pour vouloir rien
Qui me pust causer de la honte.
Tels et tels m'ont fait demander ;
Mon pere est prest de m'accorder.
Moy, je vous permets d'esperer
Qu'à qui que ce soit qu'on m'engage,
Soit Conseiller, soit President,
Soit veille ou jour de mariage,
Je seray vostre auparavant,
Et vous aurez mon pucelage. »
Le garçon la remercia
Comme il put. A huit jours de là,
Il s'offre un party d'importance.
La belle dit à son amy :
« Tenons-nous-en à celuy-cy ;
Car il est homme, que je pense,
A passer la chose au gros sas. »
La belle en estant sur ce cas,
On la promet ; on la commence ;

Le jour des noces se tient prest.
Entendez cecy, s'il vous plaist.
Je pense voir vostre pensée,
Sur ce mot-là de commencée.
C'estoit alors, sans point d'abus,
Fille promise et rien de plus.
Huit jours donnez à la fiancée,
Comme elle apprehendoit encor
Quelque rupture en cet accord,
Elle differe le negoce
Jusqu'au propre jour de la noce,
De peur de certain accident
Qui les fillettes va perdant.
On meine au moustier cependant
Nostre galande encor pucelle ;
Le ouy fut dit à la chandelle.
L'époux voulut avec la belle
S'en aller coucher au retour.
Elle demande encor ce jour,
Et ne l'obtient qu'avecque peine ;
Il falut pourtant y passer.
Comme l'Aurore estoit prochaine,
L'épouse, au lieu de se coucher,
S'habille. On eust dit une Reine.
Rien ne manquoit aux vestemens,
Perles, joyaux et diamans.
Son epousé la faisoit dame.
Son amy pour la faire femme
Prend heure avec elle au matin.
Ils devoient aller au jardin,
Dans un bois propre à telle affaire.
Une compagne y devoit faire
Le guet autour de nos amans,
Compagne instruite du mystere.
La belle s'y rend la premiere,

Sous le pretexte d'aller faire
Un bouquet, dit-elle à ses gens.
Nicaise, aprés quelques momens,
La va trouver, et le bon sire,
Voyant le lieu, se met à dire :
« Qu'il fait icy d'humidité !
Foin ! vostre habit sera gasté.
Il est beau : ce seroit dommage ;
Souffrez sans tarder davantage
Que j'aille querir un tapis.
—Eh ! mon Dieu, laissons les habits,
Dit la belle toute piquée.
Je diray que je suis tombée.
Pour la perte, n'y songez point :
Quand on a temps si fort à poinct,
Il en faut user, et perissent
Tous les vestemens du païs ;
Que plustost tous les beaux habits
Soient gastez, et qu'ils se salissent,
Que d'aller ainsi consumer
Un quart-d'heure ; un quart-d'heure est cher :
Tandis que tous les gens agissent
Pour ma noce, il ne tient qu'à vous
D'employer des momens si doux.
Ce que je dis ne me sied guere :
Mais je vous cheris, et vous veux
Rendre honneste homme si je peux.
—En verité, dit l'amoureux,
Conserver estoffe si chere
Ne sera point mal fait à nous.
Je cours ; c'est fait ; je suis à vous ;
Deux minutes feront l'affaire. »
Là-dessus il part, sans laisser
Le temps de luy rien repliquer.
Sa sottise guerit la dame ;

Un tel dédain luy vint en l'ame,
Qu'elle reprit dés ce moment
Son cœur, que trop indignement
Elle avoit placé : quelle honte !
« Prince des sots, dit-elle en soy,
Va, je n'ay nul regret de toy :
Tout autre eust esté mieux mon compte.
Mon bon Ange a consideré
Que tu n'avois pas merité
Une faveur si precieuse.
Je ne veux plus estre amoureuse
Que de mon mary ; j'en fais vœu.
Et de peur qu'un reste de feu
A le trahir ne me rengage,
Je vais sans tarder davantage
Luy porter un bien qu'il auroit
Quand Nicaise en son lieu seroit. »
A ces mots, la pauvre Epousée
Sort du bois fort scandalisée.
L'autre revient, et son tapis :
Mais ce n'est plus comme jadis.
Amans, la bonne heure ne sonne
A toutes les heures du jour.
J'ay leu dans l'Alphabet d'Amour
Qu'un galand prés d'une personne
N'a toûjours le temps comme il veut :
Qu'il le prenne donc comme il peut.
Tous delays y font du dommage :
Nicaise en est un témoignage.
Fort essoufflé d'avoir couru,
Et joyeux de telle prouesse,
Il s'en revient, bien resolu
D'employer tapis et maistresse :
Mais quoy, la dame au bel habit,
Mordant ses lévres de dépit,

L. F., CONTES. 14

Retournoit voir la compagnie,
Et, de sa flame bien guerie,
Possible alloit dans ce moment,
Pour se venger de son amant,
Porter à son mary la chose
Qui luy causoit ce dépit-là.
Quelle chose? C'est celle-là
Que fille dit toûjours qu'elle a.
Je le crois; mais d'en mettre ja
Mon doit au feu, ma foy je n'ose :
Ce que je sçay, c'est qu'en tel cas
Fille qui ment ne peche pas.
Grace à Nicaise nostre belle,
Ayant sa fleur en dépit d'elle,
S'en retournoit tout en grondant,
Quand Nicaise, la rencontrant :
« A quoy tient, dit-il à la dame,
Que vous ne m'ayez attendu?
Sur ce tapis bien étendu
Vous seriez en peu d'heure femme.
Retournons donc sans consulter;
Venez cesser d'estre pucelle,
Puis que je puis sans rien gaster
Vous témoigner quel est mon zele.
—Non pas cela, reprit la belle;
Mon pucelage dit qu'il faut
Remettre l'affaire à tantost.
J'aime vostre santé, Nicaise,
Et vous conseille auparavant
De reprendre un peu vostre vent.
Or, respirez tout à vostre aise.
Vous estes apprenty marchand;
Faites-vous apprenty galand :
Vous n'y serez pas si-tost maistre.
A mon égard, je ne puis estre

Vostre maistresse en ce mestier.
Sire Nicaise, il vous faut prendre
Quelque servante du quartier.
Vous sçavez des estoffes vendre,
Et leur prix en perfection ;
Mais ce que vaut l'occasion
Vous l'ignorez : allez l'apprendre. »

VIII. — LE BAST

Un peintre estoit, qui, jaloux de sa femme,
Allant aux champs luy peignit un baudet
Sur le nombril, en guise de cachet.
Un sien confrere, amoureux de la dame,
La va trouver, et l'asne efface net,
Dieu sçait comment, puis un autre en remet
Au mesme endroit, ainsi que l'on peut croire.
A celuy-cy, par faute de memoire,
Il mit un bast ; l'autre n'en avoit point.
L'epoux revient, veut s'éclaircir du poinct.
« Voyez, mon fils, dit la bonne commere,
L'asne est témoin de ma fidelité.
—Diantre soit fait, dit l'epoux en colere,
Et du témoin et de qui l'a basté. »

IX. — LE BAISER RENDU

Guillot passoit avec sa mariée,
Un Gentilhomme à son gré la trouvant :

« Qui t'a, dit-il, donné telle epousée ?
Que je la baise à la charge d'autant.
—Bien volontiers, dit Guillot à l'instant.
Elle est, Monsieur, fort à vostre service. »
Le Monsieur donc fait alors son office,
En appuyant ; Perronnelle en rougit.
Huit jours aprés, ce Gentilhomme prit
Femme à son tour : à Guillot il permit
Mesme faveur. Guillot tout plein de zele :
« Puisque Monsieur, dit-il, est si fidele,
J'ay grand regret, et je suis bien fâché
Qu'ayant baisé seulement Perronnelle,
Il n'ait encore avec elle couché. »

X.—EPIGRAMME

Alis malade, et se sentant presser,
Quelqu'un luy dit : « Il faut se confesser ;
Voulez-vous pas mettre en repos vostre ame ?
—Ouy, je le veux, luy répondit la dame :
Qu'à pere André l'on aille de ce pas,
Car il entend d'ordinaire mon cas. »
Un Messager y court en diligence,
Sonne au Convent de toute sa puissance.
« Qui venez-vous demander ? luy dit-on.
—C'est Pere André, celuy qui d'ordinaire
Entend Alis dans sa confession :
—Vous demandez, reprit alors un Frere,
Le Pere André, le confesseur d'Alis ?
Il est bien loin, helas ! Le pauvre Pere
Depuis dix ans confesse en Paradis. »

XI.—IMITATION D'ANACRÉON

O toy qui peins d'une façon galante,
Maistre passé dans Cytere et Paphos,
Fais un effort ; peins-nous Iris absente.
Tu n'as point vu cette beauté charmante,
Me diras-tu : tant mieux pour ton repos.
Je m'en vais donc t'instruire en peu de mots.
Premierement, mets des lys et des roses ;
Aprés cela des Amours et des ris.
Mais à quoy bon le détail de ces choses ?
D'une Venus tu peux faire une Iris.
Nul ne sçauroit découvrir le mystere :
Traits si pareils jamais ne se sont veus ;
Et tu pourras à Paphos et Citere
De cette Iris refaire une Venus.

XII.—AUTRE IMITATION D'ANACRÉON.

J'estois couché mollement,
Et, contre mon ordinaire,
Je dormois tranquillement,
Quand un enfant s'en vint faire
A ma porte quelque bruit.
Il pleuvoit fort cette nuit ;
Le vent, le froid et l'orage
Contre l'enfant faisoient rage.

« Ouvrez, dit-il, je suis nu. »
Moy, charitable et bon homme,
J'ouvre au pauvre morfondu,
Et m'enquiers comme il se nomme.
« Je te le diray tantost,
Repartit-il ; car il faut
Qu'auparavant je m'essuye. »
J'allume aussi-tost du feu.
Il regarde si la pluye
N'a point gasté quelque peu
Un arc dont je me méfie.
Je m'aproche toutefois,
Et de l'enfant prends les doigts,
Les réchauffe, et dans moy-mesme
Je dis : « Pourquoy craindre tant ?
Que peut-il ? c'est un enfant :
Ma couardise est extreme
D'avoir eu le moindre effroy ;
Que seroit-ce si chez moy
J'avois receu Polyphême ? »
L'enfant, d'un air enjoué,
Ayant un peu secoué
Les pieces de son armure
Et sa blonde chevelure,
Prend un trait, un trait vainqueur,
Qu'il me lance au fond du cœur.
« Voila, dit-il, pour ta peine.
Souviens-toy bien de Climene
Et de l'Amour ; c'est mon nom.
— Ah ! je vous connois, luy dis-je,
Ingrat et cruel garçon ;
Faut-il que qui vous oblige
Soit traité de la façon ? »
Amour fit une gambade ;
Et le petit scelerat

Me dit : « Pauvre camarade,
Mon arc est en bon estat,
Mais ton cœur est bien malade. »

XIII. — LE PETIT CHIEN

QUI SECOUE DE L'ARGENT ET DES PIERRERIES.

La clef du coffre fort et des cœurs, c'est la mesme.
    Que si ce n'est celle des cœurs,
    C'est du moins celle des faveurs :
    Amour doit à ce stratagême
    La plus grand' part de ses exploits :
    A-t-il épuisé son carquois,
Il met tout son salut en ce charme suprême.
Je tiens qu'il a raison ; car qui hait les presens ?
    Tous les humains en sont friands,
Princes, Roys, Magistrats : ainsi quand une belle
    En croira l'usage permis,
Quand Venus ne fera que ce que fait Themis,
    Je ne m'écrieray pas contre-elle.
    On a bien plus d'une querelle
    A luy faire sans celle-là.
Un Juge Mantouan belle femme épousa.
Il s'appelloit Anselme ; on la nommoit Argie ;
Luy déjà vieux barbon, elle jeune et jolie,
    Et de tous charmes assortie.
    L'epoux, non content de cela,
    Fit si bien par sa jalousie
Qu'il rehaussa de prix celle-là qui d'ailleurs
    Meritoit de se voir servie
    Par les plus beaux et les meilleurs.

Elle le fut aussi : d'en dire la maniere,
 Et comment s'y prit chaque amant,
Il seroit long : suffit que cet objet charmant
Les laissa soûpirer, et ne s'en émût guere.
Amour établissoit chez le Juge ses loix,
Quand l'Estat Mantouan, pour chose de grand poids,
Resolut d'envoyer ambassade au Saint Pere.
Comme Anselme estoit Juge, et de plus Magistrat,
 Vivoit avec assez d'éclat
 Et ne manquoit pas de prudence,
 On le depute en diligence.
 Ce ne fut pas sans resister
Qu'au choix qu'on fit de luy consentit le bonhomme :
 L'affaire estoit longue à traiter ;
 Il devoit demeurer dans Rome
Six mois, et plus encor ; que sçavoit-il combien ?
Tant d'honneur pouvoit nuire au conjugal lien :
 Longue ambassade et long voyage
 Aboutissent à cocuage.
 Dans cette crainte, nostre epoux
 Fit cette harangue à la belle.
« On nous sépare, Argie ; adieu, soyez fidele
 A celuy qui n'aime que vous.
 Jurez le moy : car, entre-nous,
 J'ay sujet d'estre un peu jaloux.
 Que fait autour de nostre porte
 Cette soûpirante cohorte ?
 Vous me direz que jusqu'icy
 La cohorte a mal reussi :
Je le crois ; cependant, pour plus grande assurance,
 Je vous conseille en mon absence
De prendre pour séjour nôtre maison des champs.
 Fuyez la ville et les amans
  Et leurs presens ;
 L'invention en est damnable ;

Des machines d'Amour c'est la plus redoutable :
   De tout temps le monde a veu Don
   Estre le pere d'abandon.
Declarez-luy la guerre, et soyez sourde, Argie,
   A sa sœur cajolerie.
Dés que vous sentirez approcher les blondins,
Fermez vîte vos yeux, vos oreilles, vos mains.
Rien ne vous manquera ; je vous fais la maistresse
De tout ce que le Ciel m'a donné de richesse :
Tenez, voila les clefs de l'argent, des papiers;
   Faites-vous payer des fermiers ;
   Je ne vous demande aucun conte :
   Suffit que je puisse sans honte
Aprendre vos plaisirs ; je vous les permets tous,
   Hors ceux d'amour, qu'à vostre epoux
Vous garderez entiers pour son retour de Rome. »
   C'en estoit trop pour le bon homme ;
Helas ! il permettoit tous plaisirs, hors un point
   Sans lequel seul il n'en est point.
Son épouse luy fit promesse solemnelle
   D'estre sourde, aveugle et cruelle,
   Et de ne prendre aucun present ;
Il la retrouveroit au retour toute telle
   Qu'il la laissoit en s'en allant,
   Sans nul vestige de galant.
Anselme estant party, tout aussi-tost Argie
   S'en alla demeurer aux champs,
   Et tout aussi-tost les amans
   De l'aller voir firent partie.
Elle les renvoya ; ces gens l'embarrassoient,
   L'atiedissoient, l'affadissoient,
   L'endormoient en contant leur flame :
   Ils déplaisoient tous à la dame,
   Hormis certain jeune blondin,
   Bien fait, et beau par excellence,

Mais qui ne put par sa souffrance
Amener à son but cet objet inhumain.
Son nom c'estoit Atis, son mestier paladin.
  Il ne plaignit en son dessein
  Ny les soûpirs ny la dépense.
  Tout moyen par luy fut tenté :
Encor si des soûpirs il se fut contenté !
  La source en est inépuisable ;
  Mais de la dépense, c'est trop.
Le bien de nostre amant s'en va le grand galop ;
  Voila mon homme miserable.
Que fait-il ? il s'éclipse ; il part, il va chercher
  Quelque desert pour se cacher.
  En chemin il rencontre un homme,
Un manant, qui, fouillant avecque son bâton,
Vouloit faire sortir un serpent d'un buisson ;
  Atis s'enquit de la raison.
« C'est, reprit le manant, afin que je l'assomme.
  Quand j'en rencontre sur mes pas,
  Je leur fais de pareilles festes.
—Amy, reprit Atis, laisse-le ; n'est-il pas
Creature de Dieu comme les autres bestes ? »
Il est à remarquer que nostre Paladin
N'avoit pas cette horreur commune au genre humain
Contre la gent reptile et toute son espece ;
  Dans ses armes il en portoit,
  Et de Cadmus il descendoit,
Celuy-là qui devint serpent sur sa vieillesse.
Force fut au Manant de quitter son dessein.
Le serpent se sauva ; nostre amant à la fin
S'establit dans un bois écarté, solitaire :
Le silence y faisoit sa demeure ordinaire,
  Hors quelque oiseau qu'on entendoit,
  Et quelque Echo qui répondoit.
  Là le bon-heur et la misere

Ne se distinguoient point, égaux en dignité
Chez les loups qu'hébergeoit ce lieu peu frequenté.
Atis n'y rencontra nulle tranquillité.
Son amour l'y suivit, et cette solitude,
Bien loin d'estre un remede à son inquietude,
    En devint mesme l'aliment,
Par le loisir qu'il eut d'y plaindre son tourment.
Il s'ennuya bien-tost de ne plus voir sa belle.
« Retournons, ce dit-il, puis que c'est nostre sort :
    Atis, il t'est plus doux encor
    De la voir ingrate et cruelle,
    Que d'estre privé de ses traits :
    Adieu ruisseaux, ombrages frais,
    Chants amoureux de Philomele ;
Mon inhumaine seule attire à soy mes sens :
Esloigné de ses yeux, je ne vois ny n'entends.
L'esclave fugitif se va remettre encore
En ses fers, quoy que durs, mais, helas ! trop cheris. »
Il approchoit des murs qu'une Fee a bastis,
Quand sur les bords du Mince, à l'heure que l'Aurore
Commence à s'éloigner du séjour de Thetis,
    Une Nimphe en habit de Reine,
Belle, majestueuse, et d'un regard charmant,
Vint s'offrir tout d'un coup aux yeux du pauvre amant,
    Qui resvoit alors à sa peine.
« Je veux, dit-elle, Atis, que vous soyez heureux :
Je le veux, je le puis, estant Manto la Fée,
    Vostre amie et vostre obligée.
    Vous connoissez ce nom fameux.
Mantoue en tient le sien : jadis en cette terre,
    J'ay posé la premiere pierre
De ces murs, en durée égaux aux bastimens
Dont Menphis void le nil laver les fondemens.
La Parque est inconnue à toutes mes pareilles :
    Nous operons mille merveilles ;

Mal-heureuses pourtant de ne pouvoir mourir ;
Car nous sommes d'ailleurs capables de souffrir
Toute l'infirmité de la nature humaine :
Nous devenons serpens un jour de la semaine.
    Vous souvient-il qu'en ce lieu-cy
    Vous en tirastes un de peine ?
C'estoit moy, qu'un manant s'en alloit assommer ;
    Vous me donnastes assistance :
    Atis, je veux, pour recompense,
    Vous procurer la jouissance
    De celle qui vous fait aimer.
Allons-nous-en la voir : je vous donne assurance
    Qu'avant qu'il soit deux jours de temps
    Vous gagnerez par vos presens
    Argie et tous ses surveillans.
Dépensez, dissipez, donnez à tout le monde,
    A pleines mains répandez l'or ;
Vous n'en manquerez point, c'est pour vous le tresor
Que Lucifer me garde en sa grote profonde.
Vostre belle sçaura quel est nostre pouvoir.
Mesme, pour m'approcher de cette inexorable
    Et vous la rendre favorable,
    En petit chien vous m'allez voir,
    Faisant mille tours sur l'herbette ;
Et vous, en pelerin jouant de la musette,
Me pourrez à ce son mener chez la beauté
    Qui tient vostre cœur enchanté. »
Aussi-tost fait que dit ; nostre amant et la Fée
    Changent de forme en un instant :
Le voila pelerin chantant comme un Orphée,
Et Manto petit chien faisant tours et sautant.
    Ils vont au chasteau de la belle.
Valets et gens du lieu s'assemblent autour d'eux :
Le petit chien fait rage, aussi fait l'amoureux ;
Chacun danse, et Guillot fait sauter Perronnelle.

Madame entend ce bruit, et sa nourrice y court.
On luy dit qu'elle vienne admirer à son tour
Le Roy des épagneux, charmante creature,
  Et vray miracle de nature.
Il entend tout, il parle, il danse, il fait cent tours :
  Madame en fera ses amours ;
Car, veuille ou non son maistre, il faut qu'il le luy
  S'il n'aime mieux le luy donner.   [vende,
  La nourrice en fait la demande.
  Le pelerin, sans tant tourner,
Luy dit tout bas le prix qu'il veut mettre à la chose ;
  Et voicy ce qu'il luy propose :
« Mon chien n'est point à vendre, à donner encor
  Il fournit à tous mes besoins :   [moins,
  Je n'ay qu'à dire trois paroles,
Sa pate entre mes mains fait tomber à l'instant,
  Au lieu de puces, des pistoles,
Des perles, des rubis, avec maint diamant.
C'est un prodige enfin ; Madame cependant
  En a, comme on dit, la monnoye.
  Pourveu que j'aye cette joye
De coucher avec elle une nuit seulement,
Favory sera sien dés le mesme moment. »
La proposition surprit fort la Nourrice.
  Quoy ! Madame l'Ambassadrice !
Un simple pelerin ! Madame à son chevet
Pourroit voir un bourdon ! Et si l'on le sçavoit !
Si cette mesme nuit quelque Hospital avoit
  Hebergé le chien et son maistre !
Mais ce maistre est bien fait et beau comme le jour ;
  Cela fait passer en Amour
  Quelque bourdon que ce puisse estre.
Atis avoit changé de visage et de traits ;
On ne le connut pas, c'estoient d'autres attraits.
La nourrice ajoustoit : « A gens de cette mine

Comment peut-on refuser rien ?
Puis celuy-cy possede un chien
Que le Royaume de la Chine
Ne payeroit pas de tout son or :
Une nuit de Madame aussi c'est un tresor. »
J'avois oublié de vous dire
Que le drole à son chien feignit de parler bas :
Il tombe aussi-tost dix ducats
Qu'à la nourrice offre le sire.
Il tombe encore un diamant :
Atis en riant le ramasse.
« C'est, dit-il, pour Madame ; obligez-moy, de grace,
De le luy presenter avec mon compliment.
Vous direz à son Excellence
Que je luy suis acquis. » La Nourrice à ces mots
Court annoncer en diligence
Le petit chien et sa science,
Le pelerin et son propos.
Il ne s'en falut rien qu'Argie
Ne batist sa nourrice. Avoir l'effronterie
De luy mettre en l'esprit une telle infamie !
Avec qui ? « Si c'estoit encor le pauvre Atis !
Helas ! mes cruautez sont cause de sa perte.
Il ne me proposa jamais de tels partis.
Je n'aurois pas d'un Roy cette chose soufferte,
Quelque don que l'on pust m'offrir,
Et d'un porte-bourdon je la pourrois souffrir,
Moy qui suis une Ambassadrice !
— Madame, reprit la Nourrice,
Quand vous seriez Imperatrice,
Je vous dis que ce pelerin
A dequoy marchander, non pas une mortelle,
Mais la Deesse la plus belle.
Atis, vostre beau Paladin,
Ne vaut pas seulement un doigt du personnage.

— Mais mon mary m'a fait jurer....
— Eh quoy? de luy garder la foy de mariage.
Bon jurer! ce serment vous lie-t-il davantage
Que le premier n'a fait? qui l'ira declarer?
Qui le sçaura? J'en vois marcher teste levée,
Qui n'iroient pas ainsi, j'ose vous l'assurer,
Si sur le bout du nez tache pouvoit montrer
  Que telle chose est arrivée :
  Cela nous fait-il empirer   [estre
D'une ongle ou d'un cheveu? Non, Madame, il faut
  Bien habile pour reconnoistre
Bouche ayant employé son temps et ses appas
D'avec bouche qui s'est tenue à ne rien faire;
  Donnez-vous, ne vous donnez pas,
  Ce sera toûjours mesme affaire.
Pour qui mesnagez-vous les tresors de l'Amour?
Pour celuy qui, je crois, ne s'en servira guere;
Vous n'aurez pas grand'peine à fester son retour. »
  La fausse vieille sceut tant dire,
Que tout se reduisit seulement à douter
Des merveilles du chien et des charmes du sire :
  Pour cela l'on les fit monter :
  La belle estoit au lit encore.
  L'Univers n'eut jamais d'aurore
  Plus paresseuse à se lever.
Nostre feint pelerin traversa la ruelle   [Saints.
Comme un homme ayant veu d'autres gens que des
Son compliment parut galand et des plus fins :
  Il surprit et charma la belle.
  « Vous n'avez pas, ce luy dit-elle,
  La mine de vous en aller
  A S. Jacques de Compostelle. »
  Cependant, pour la regaler,
  Le chien à son tour entre en lice.
  On eust veu sauter Favory

Pour la dame et pour la nourrice,
Mais point du tout pour le mary.
Ce n'est pas tout; il se secoue :
Aussi-tost perles de tomber,
Nourrice de les ramasser,
Soubrettes de les enfiler,
Pelerin de les attacher
A de certains bras dont il loue
La blancheur et le reste. Enfin il fait si bien,
Qu'avant que partir de la place
On traite avec luy de son chien.
On luy donne un baiser pour arrhes de la grace
Qu'il demandoit, et la nuit vint.
Aussi-tost que le drosle tint
Entre ses bras Madame Argie,
Il redevint Atis ; la dame en fut ravie ;
C'estoit avec bien plus d'honneur
Traiter Monsieur l'Ambassadeur. [bre.
Cette nuit eut des sœurs, et mesme en trés-bon nom-
Chacun s'en apperceut ; car d'enfermer sous l'ombre
Une telle aise, le moyen?
Jeunes gens font-ils jamais rien
Que le plus aveugle ne voye?
A quelques mois de là, le S. Pere renvoye
Anselme avec force Pardons,
Et beaucoup d'autres menus dons.
Les biens et les honneurs pleuvoient sur sa personne.
De son vicegerent il apprend tous les soins :
Bons certificats des voisins ;
Pour les valets, nul ne luy donne
D'éclaircissement sur cela,
Monsieur le Juge interrogea
La nourrice avec les soubrettes,
Sages personnes et discretes ;
Il n'en put tirer ce secret :

Mais, comme parmy les femelles
Volontiers le Diable se met,
Il survint de telles querelles,
La dame et la nourrice eurent de tels debats,
Que celle-cy ne manqua pas
A se venger de l'autre, et declarer l'affaire.
Deust-elle aussi se perdre, il falut tout conter.
D'exprimer jusqu'où la colere
Ou plûtost la fureur de l'époux put monter,
Je ne tiens pas qu'il soit possible ;
Ainsi je m'en tairay : on peut par les effets
Juger combien Anselme estoit homme sensible.
Il choisit un de ses valets,
Le charge d'un billet, et mande que Madame
Vienne voir son mary malade en la cité.
La belle n'avoit point son village quitté :
L'époux alloit, venoit, et laissoit là sa femme.
« Il te faut en chemin écarter tous ses gens,
Dit Anselme au porteur de ces ordres pressans ;
La perfide a couvert mon front d'ignominie :
Pour satisfaction je veux avoir sa vie.
Poignarde-la ; mais prends ton temps :
Tasche de te sauver : voila pour ta retraite ;
Prend cet or : si tu fais ce qu'Anselme souhaite,
Et punis cette offense-là,
Quelque part que tu sois, rien ne te manquera. »
Le valet va trouver Argie,
Qui par son chien est avertie.
Si vous me demandez comme un chien avertit,
Je crois que par la jupe il tire ;
Il se plaint, il jappe, il soûpire,
Il en veut à chacun ; pour peu qu'on ait d'esprit,
On entend bien ce qu'il veut dire.
Favory fit bien plus, et tout bas il apprit
Un tel peril à sa maistresse.

« Partez pourtant, dit-il, on ne vous fera rien :
Reposez-vous sur moy ; j'en empescheray bien
    Ce valet à l'ame traistresse. »
Ils estoient en chemin, prés d'un bois qui servoit
    Souvent aux voleurs de refuge :
Le ministre cruel des vengeances du Juge
Envoye un peu devant le train qui les suivoit ;
    Puis il dit l'ordre qu'il avoit.
La dame disparoist aux yeux du personnage :
    Manto la cache en un nuage.
Le valet estonné retourne vers l'époux,
Luy conte le miracle, et son maistre en courroux
Va luy-mesme à l'endroit. O prodige ! ô merveille !
Il y trouve un palais de beauté sans pareille :
Une heure auparavant c'estoit un champ tout nu.
    Anselme, à son tour éperdu,
Admire ce palais basty non pour des hommes,
    Mais apparamment pour des Dieux :
Appartemens dorez, meubles trés-precieux,
    Jardins et bois delicieux ;
On auroit peine à voir, en ce siecle où nous sommes,
Chose si magnifique et si riante aux yeux.
    Toutes les portes sont ouvertes,
    Les chambres sans hoste et desertes ;
Pas une ame en ce Louvre ; excepté qu'à la fin
Un More trés-lippu, trés-hideux, trés-vilain,
S'offre aux regards du Juge, et semble la copie
    D'un Esope d'Ethiopie.
    Nostre Magistrat l'ayant pris
    Pour le balayeur du logis
  croyant l'honorer luy donnant cet office :
  her amy, luy dit-il, apprend-nous à quel Dieu
    Appartient un tel edifice ;
    Car de dire un Roy, c'est trop peu.
    — Il est à moy, » reprit le More.

Nostre Juge à ces mots se prosterne, l'adore,
Luy demande pardon de sa demerité.
« Seigneur, ajousta-t-il, que vostre Deïté
    Excuse un peu mon ignorance.
Certe, tout l'Univers ne vaut pas la chevance
Que je rencontre icy. » Le More luy répond :
    « Veux-tu que je t'en fasse un don ?
De ces lieux enchantez je te rendray le maistre,
    A certaine condition.
    Je ne ris point ; tu pourras estre
    De ces lieux absolu Seigneur,
Si tu me veux servir deux jours d'enfant d'honneur.
    Entends-tu ce langage ?
    Et sçais-tu quel est cet usage ?
    Il te le faut expliquer mieux.
Tu connois l'echanson du Monarque des Dieux ?

    Anselme.

Ganimede ?

    Le More.

    Celuy-là mesme.
Prend que je sois Jupin, le Monarque suprême,
    Et que tu sois le jouvenceau :
Tu n'es pas tout-à-fait si jeune ny si beau.

    Anselme.

Ah ! seigneur, vous raillez, c'est chose par trop sure :
Regardez la vieillesse et la magistrature.

    Le More.

Moy, railler ? point du tout.

    Anselme.

    Seigneur...

    Le More.

        Ne veux-tu point ?

ANSELME.
Seigneur...! » Anselme ayant examiné ce point
    Consent à la fin au mystere.
Maudite amour des dons, que ne fais-tu pas faire !
En page incontinent son habit est changé :
Toque au lieu de chapeau, haut-de-chausse troussé :
La barbe seulement demeure au personnage.
L'enfant d'honneur Anselme avec cet équipage
    Suit le More par tout. Argie avoit oüy
Le dialogue entier, en certain coin cachée.
Pour le More lippu, c'estoit Manto la Fée,
    Par son art métamorphosée,
    Et par son art ayant basty
Ce Louvre en un moment ; par son art fait un page
Sexagenaire et grave. A la fin au passage
D'une chambre en une autre, Argie à son mary
Se montre tout d'un coup : « Est-ce Anselme, dit-elle,
    Que je vois ainsi déguisé ?
Anselme ? il ne se peut ; mon œil s'est abusé.
Le vertueux Anselme à la sage cervelle
Me voudroit-il donner une telle leçon ?
C'est luy pourtant. Oh ! oh ! Monsieur nostre barbon,
Nostre Legislateur, nostre homme d'ambassade,
Vous estes à cet âge homme de mascarade ?
Homme de... ? la pudeur me défend d'achever.
Quoy ! vous jugez les gens à mort pour mon affaire,
    Vous qu'Argie a pensé trouver
    En un fort plaisant adultere !
Du moins n'ay-je pas pris un More pour galant :
Tout me rend excusable, Atis et son merite,
    Et la qualité du present.
    Vous verrez tout incontinent
Si femme qu'un tel don à l'amour solicite
    Peut resister un seul moment.
More, devenez chien. » Tout aussi-tost le More

Redevient petit chien encore.
« Favory, que l'on danse ! » A ces mots Favory
　　Danse, et tend la pate au mary.
　　« Qu'on fasse tomber des pistoles ! »
　　Pistoles tombent à foison :
« Eh bien, qu'en dites-vous ? sont-ce choses frivoles?
　　C'est de ce chien qu'on m'a fait don.
　　Il a basty cette maison.
Puis faites-moy trouver au monde une Excellence,
　　Une Altesse, une Majesté,
　　Qui refuse sa jouissance
　　A dons de cette qualité,
Sur tout quand le donneur est bien fait et qu'il aime
　　Et qu'il merite d'estre aimé.
En eschange du chien, l'on me vouloit moy-mesme ;
Ce que vous possedez de trop, je l'ay donné,
Bien entendu, Monsieur ; suis-je chose si chere ?
Vrayment, vous me croiriez bien pauvre ménagere
Si je laissois aller tel chien à ce prix-la.
Sçavez-vous qu'il a fait le Louvre que voilà ?
Le Louvre pour lequel.... Mais oublions cela,
　　Et n'ordonnez plus qu'on me tue,
Moy qu'Atis seulement en ses laqs a fait cheoir ;
Je le donne à Lucrece, et voudrois bien la voir
　　Des mesmes armes combattue.
Touchez-là, mon mary ; la paix ; car aussi bien
　　Je vous défie ayant ce chien :
Le fer ny le poison pour moy ne sont à craindre :
Il m'avertit de tout ; il confond les jaloux ;
Ne le soyez donc point ; plus on veut nous contrain-
　　Moins on doit s'assurer de nous. »　　　[dre,
Anselme accorda tout : qu'eust fait le pauvre Sire?
　　On luy promit de ne pas dire
Qu'il avoit esté page. Un tel cas estant teu,
　　Cocuage, s'il eust voulu,

Auroit eu ses franches coudées.
Argie en rendit grace; et, compensations
　　D'une et d'autre part accordées,
On quitta la campagne à ces conditions.
Que devint le palais? dira quelque critique.
Le palais? que m'importe? il devint ce qu'il put.
A moy ces questions! Suis-je homme qui se pique
D'estre si regulier? Le palais disparut.
Et le chien? Le chien fit ce que l'amant voulut.
Mais que voulut l'amant? Censeur, tu m'importu-
Il voulut par ce chien tenter d'autres fortunes. [nes.
D'une seule conqueste est-on jamais content?
　　Favory se perdoit souvent :
　　Mais chez sa premiere maistresse
Il revenoit toûjours. Pour elle sa tendresse
Devint bonne amitié. Sur ce pied, nostre amant
　　L'alloit voir fort assidument ;
　　Et mesme en l'accommodement
Argie à son epoux fit un serment sincere
　　De n'avoir plus aucune affaire.
　　L'epoux jura de son costé
　　Qu'il n'auroit plus aucun ombrage,
　　Et qu'il vouloit estre fouetté
　　Si jamais on le voyoit page.

FIN DU TOME I.

TABLE DES MATIÈRES

DU TOME I.

	Pages.
Préface	v

Première partie.

Advertissement	1
Préface de la première partie	3
Joconde	7
Richard Minutolo	22
Le Cocu battu et content	29
Le Mary confesseur	33
Conte d'une chose arrivée à Chasteau-Thierry. (Le Savetier.)	35
Conte tiré d'Athénée. (La Vénus Callipyge.)	36
Conte tiré d'Athénée. (Les deux Amis.)	37
Autre conte tiré d'Athénée. (Le Glouton.)	»
Conte de***. (Sœur Jeanne.)	38
Conte du juge de Mesle	»
Conte d'un Paysan qui avoit offensé son Seigneur	39

Deuxiesme partie.

Préface de la deuxiesme partie	43
Le faiseur d'Oreilles et le raccommodeur de Moules	47
Les Freres de Catalogne. (Les Cordeliers de Catalogne.)	53
Le Berceau	61
Le Muletier	67
L'Oraison de S. Julien	71
La Servante justifiée	82
La Gageure des trois Commeres	86
Le Calendrier des Vieillards	96

	Pages.
A Femme avare galant escroc	104
On ne s'avise jamais de tout	106
Le Villageois qui cherche son Veau	108
L'Anneau d'Hans Carvel	»
Le Gascon puny	110
La Fiancée du Roy de Garbe	113
L'Hermite	137
Mazet de Lamporechio	143

TROISIESME PARTIE.

Les Oyes de Frere Philippe	151
La Mandragore	156
Les Remois	165
La Coue enchantée	172
Le Faucon	186
La Courtisanne amoureuse	194
Nicaise	203
Le Bast	211
Le Baiser rendu	»
Epigramme. (Alix malade.)	212
Imitation d'Anacréon. (Portrait d'Iris.)	213
Autre Imitation d'Anacréon. (l'Amour mouillé.)	»
Le petit Chien qui secoue de l'argent et des pierreries	215

FIN DE LA TABLE DU TOME I.

www.ingramcontent.com/pod-product-compliance
Lightning Source LLC
Chambersburg PA
CBHW061955180426
43198CB00036B/1190